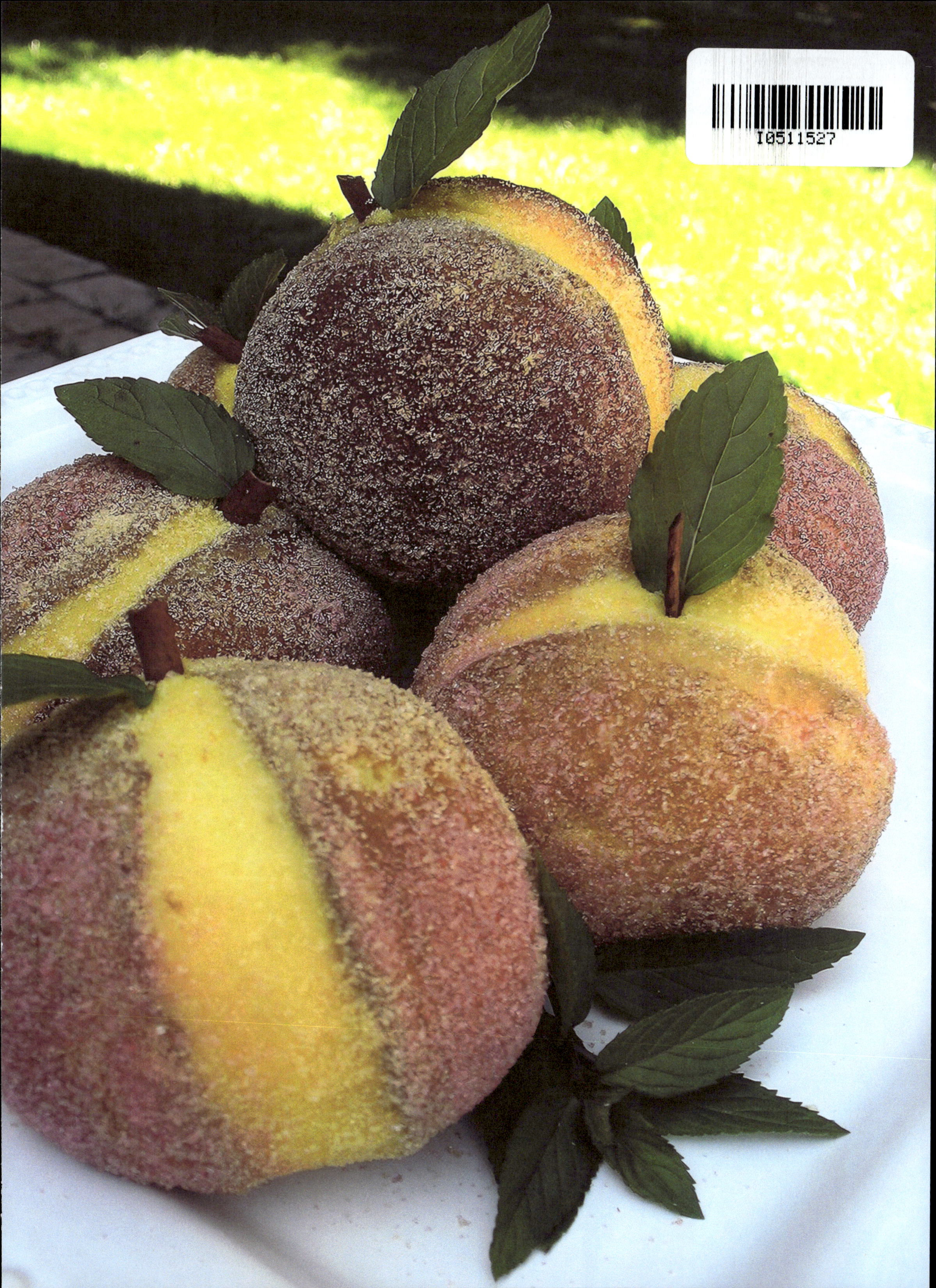

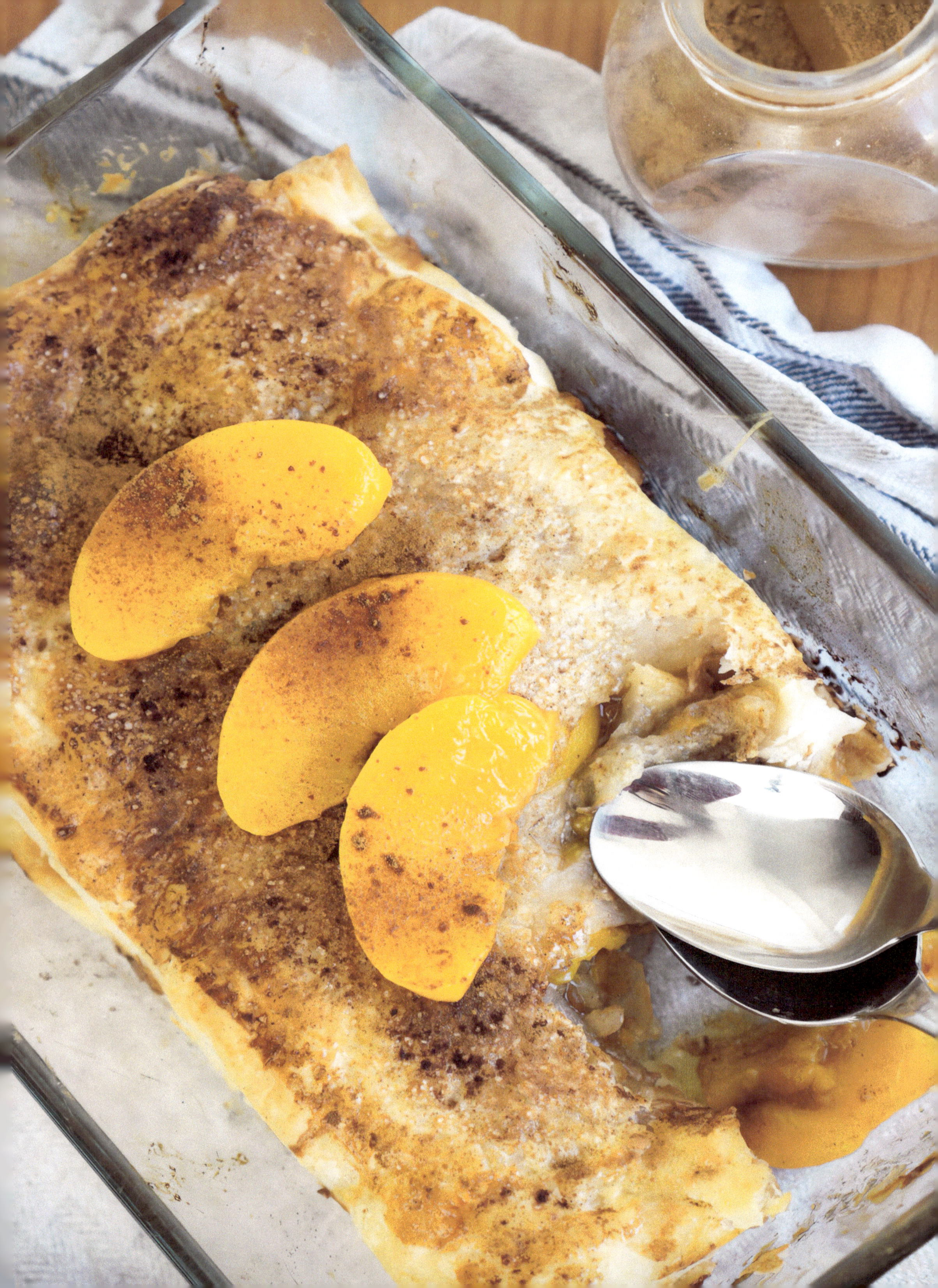

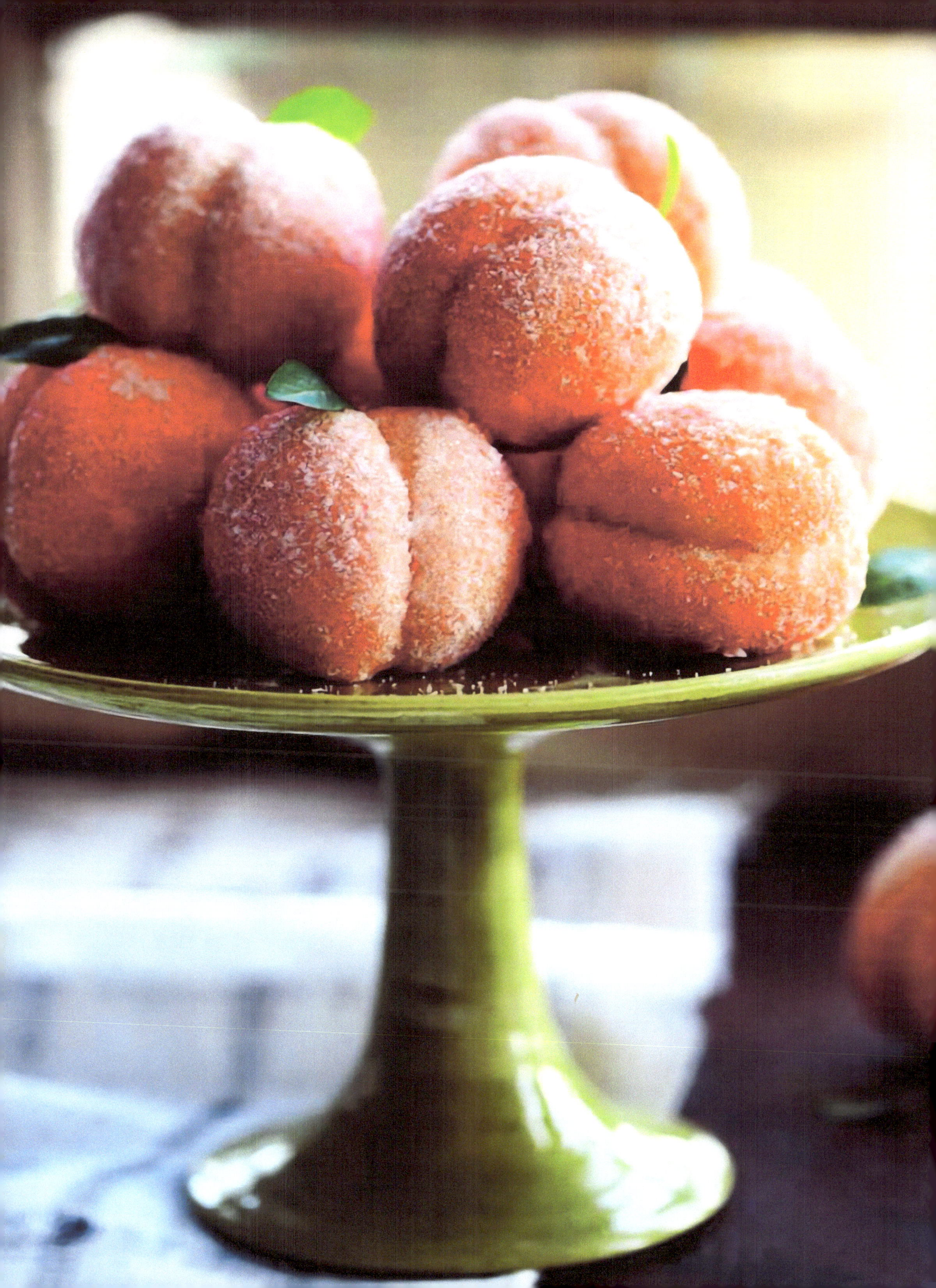

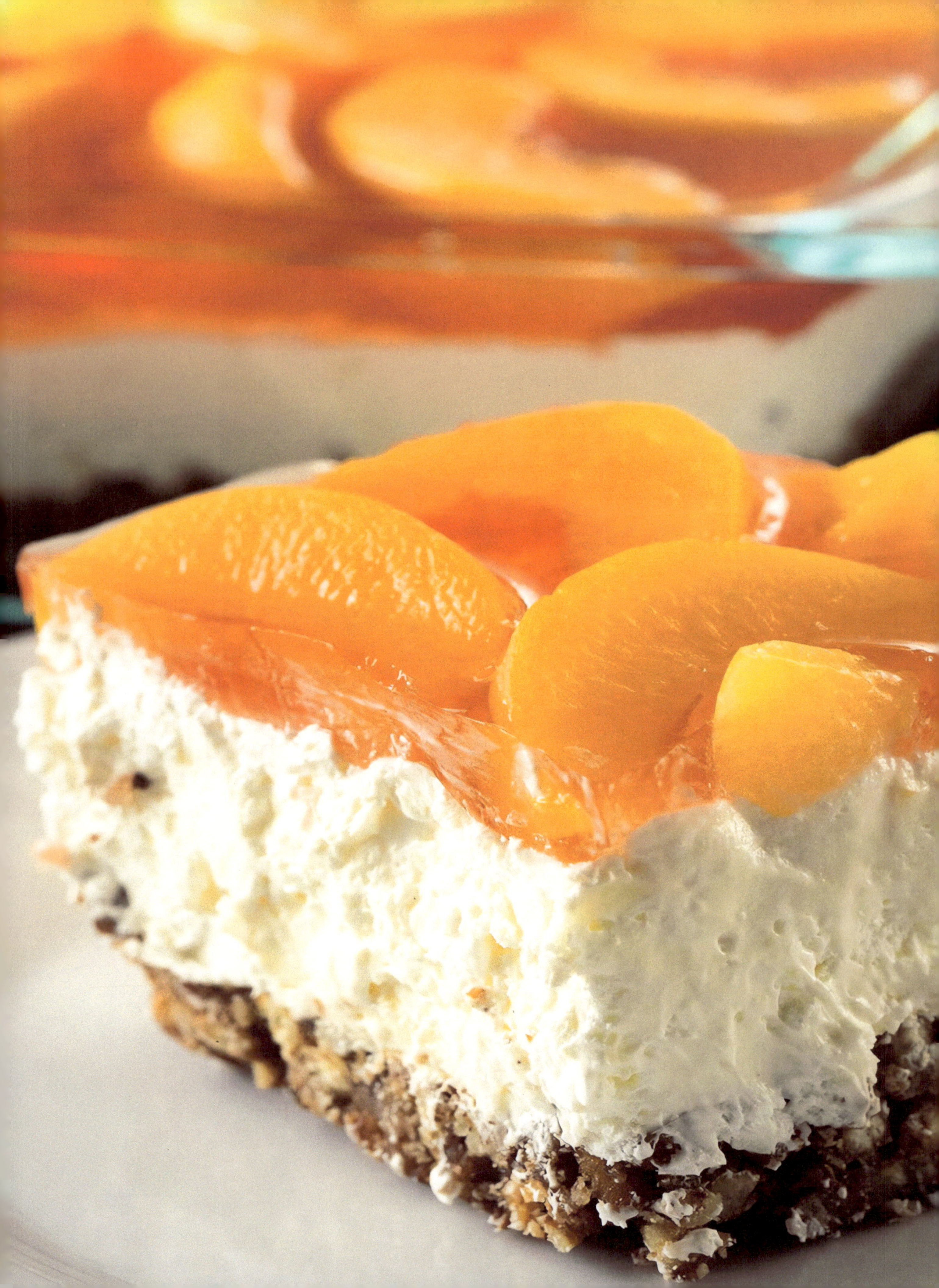

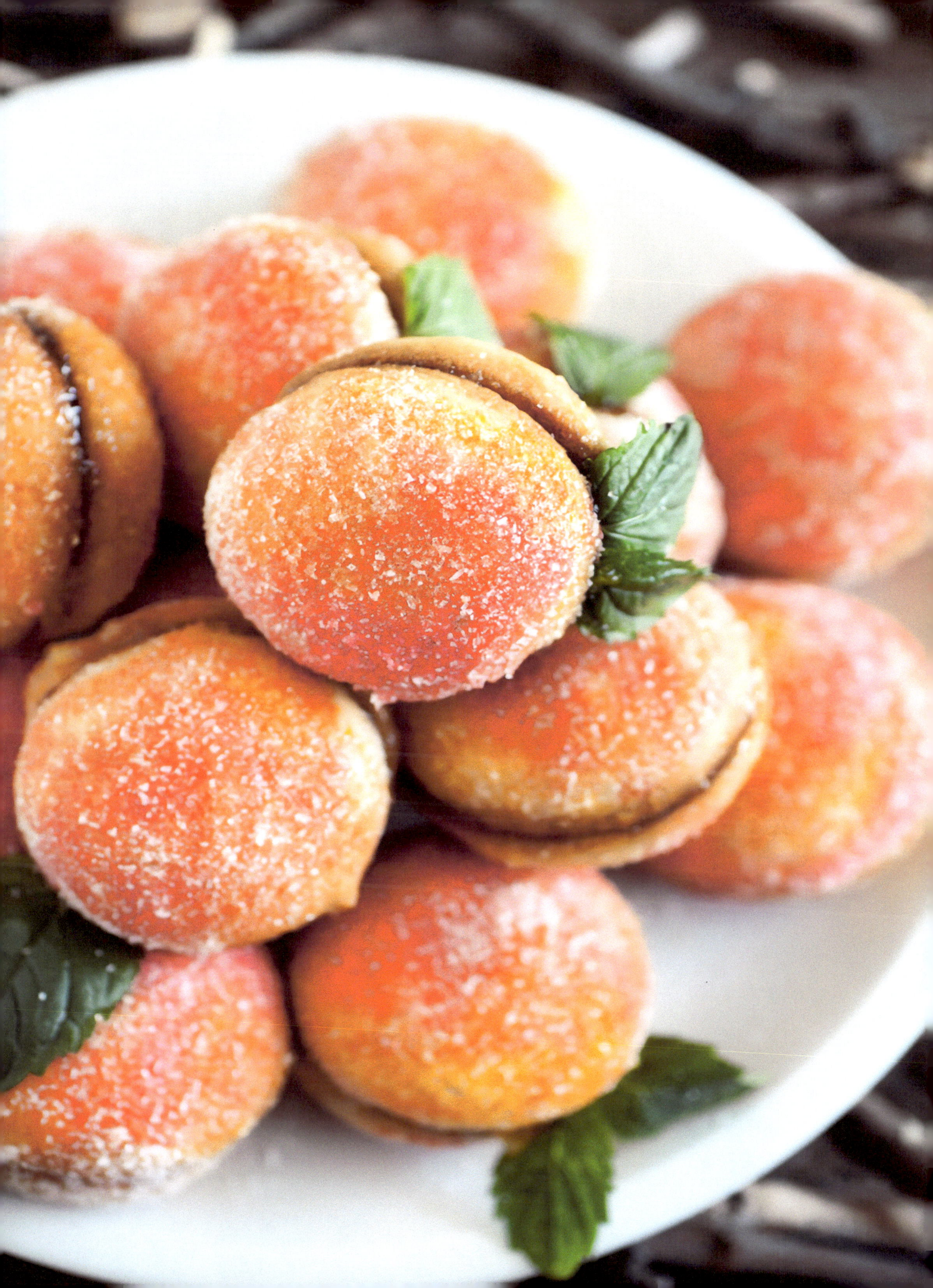

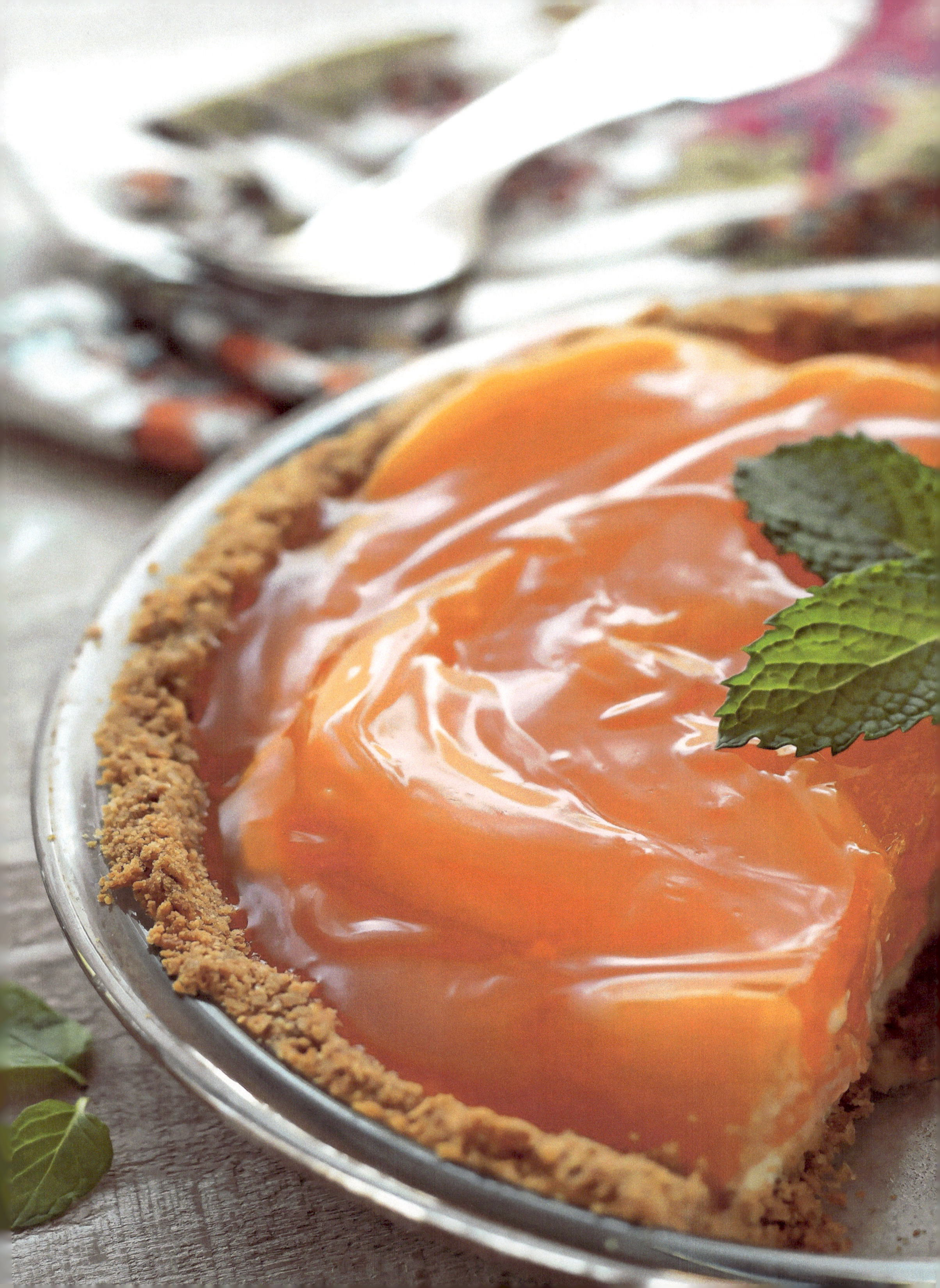

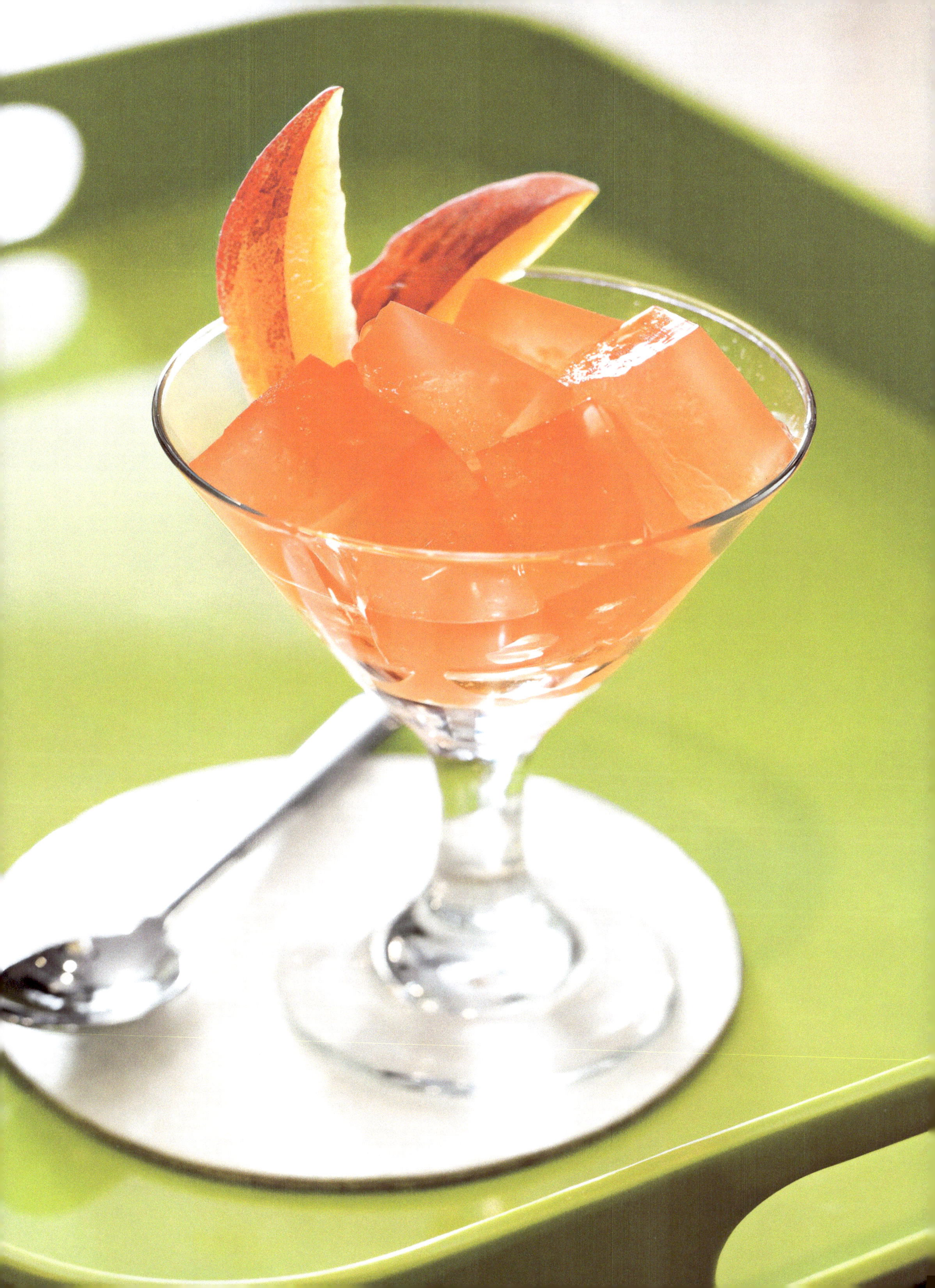

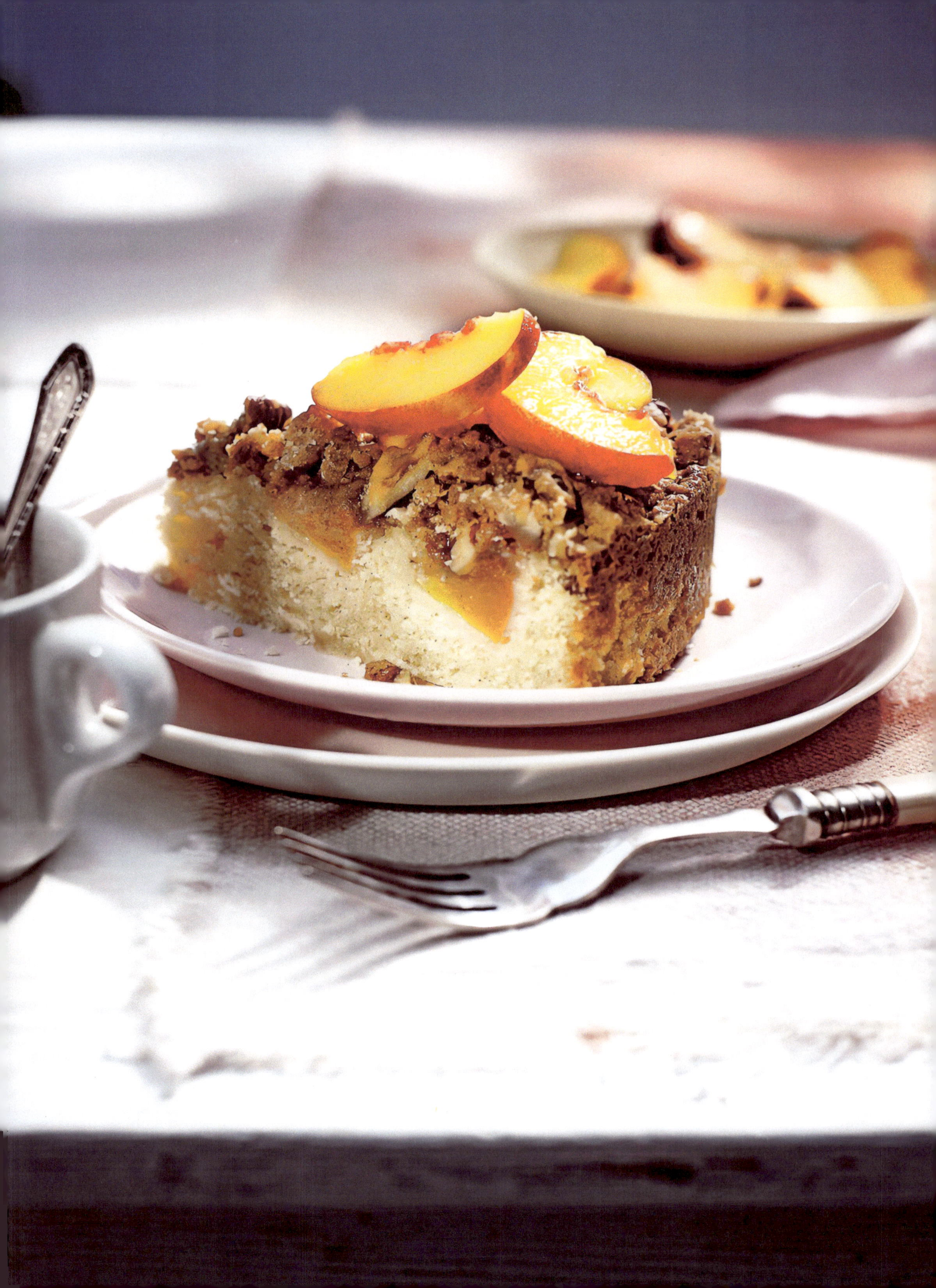

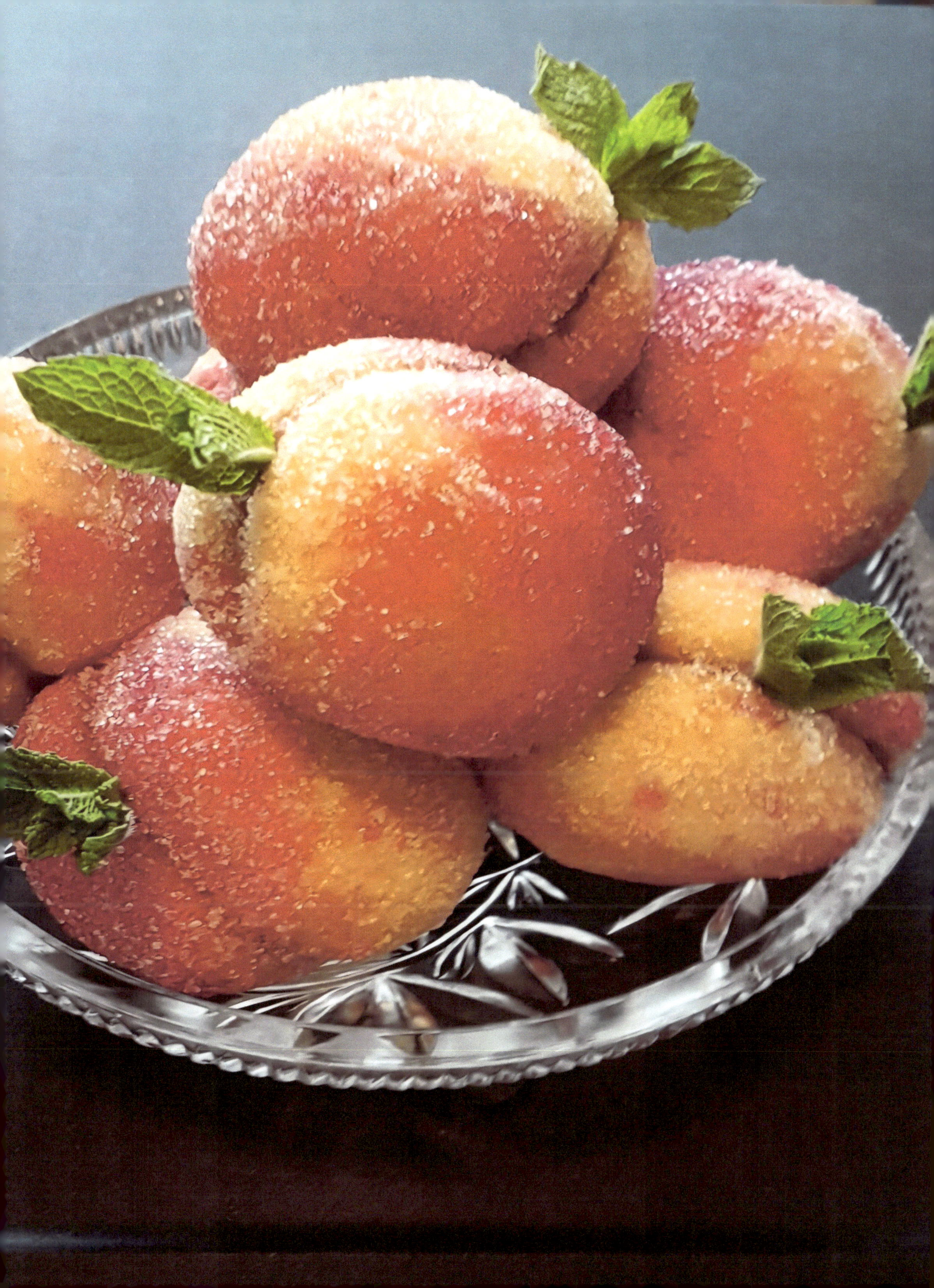

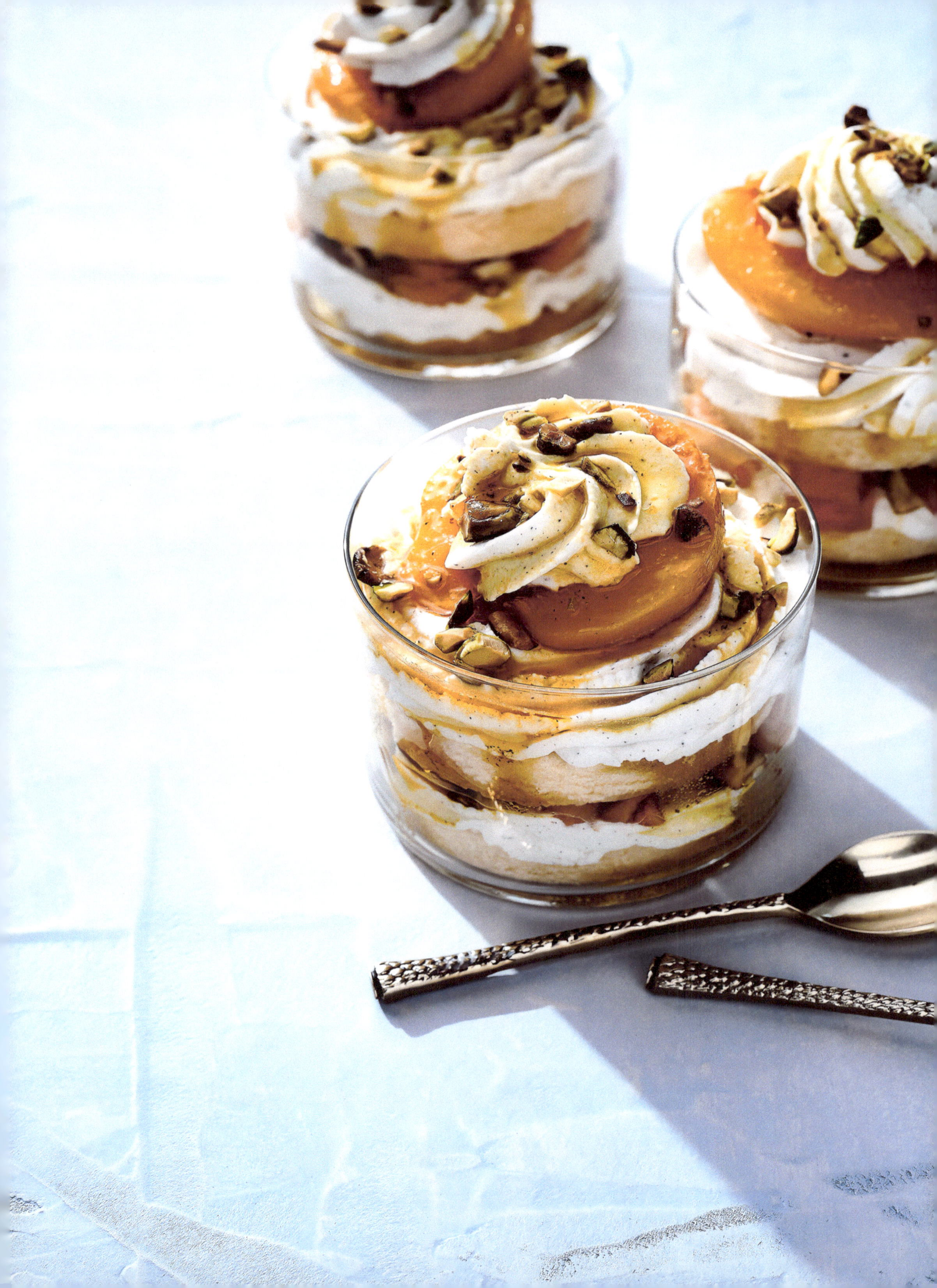

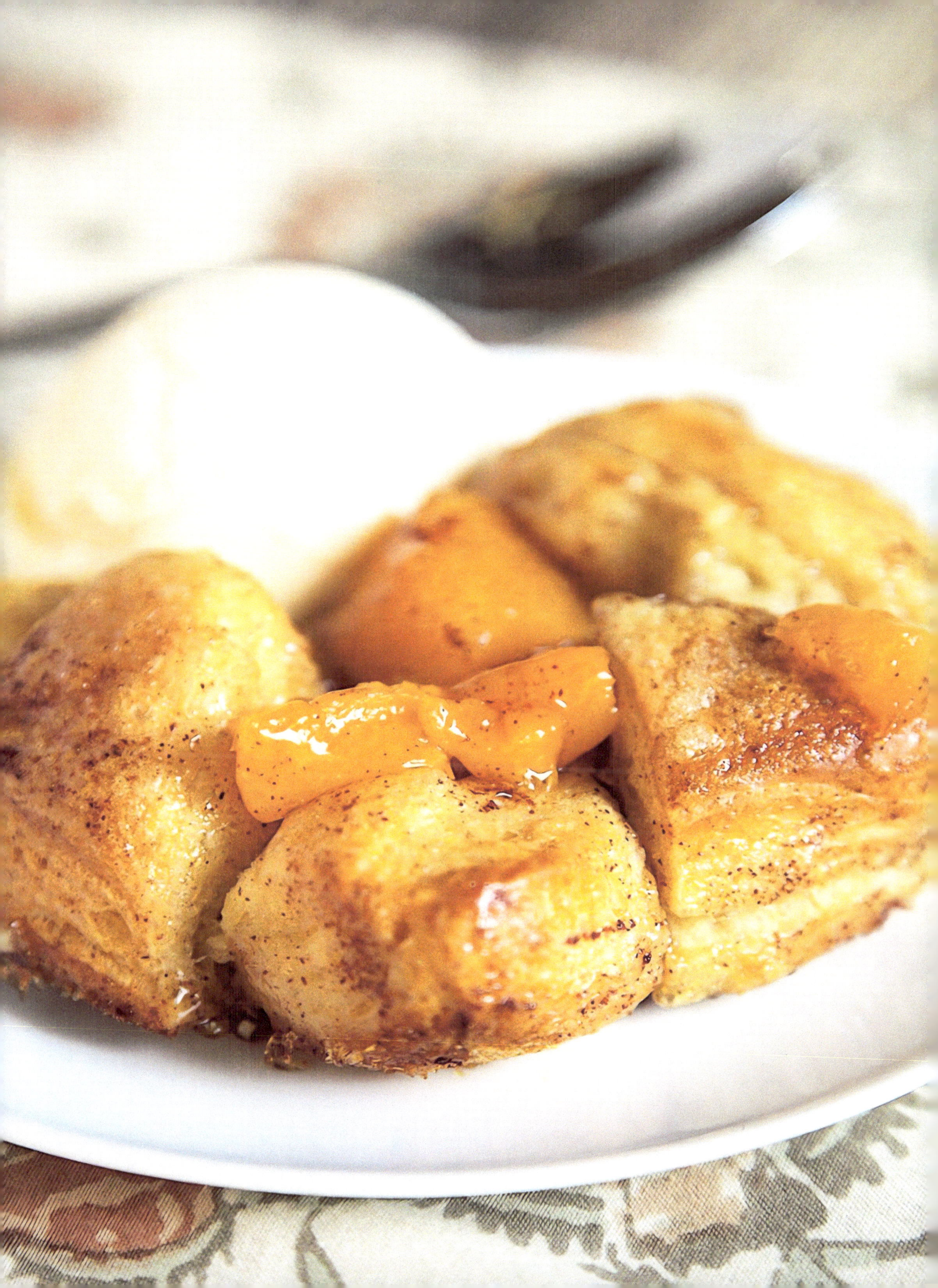

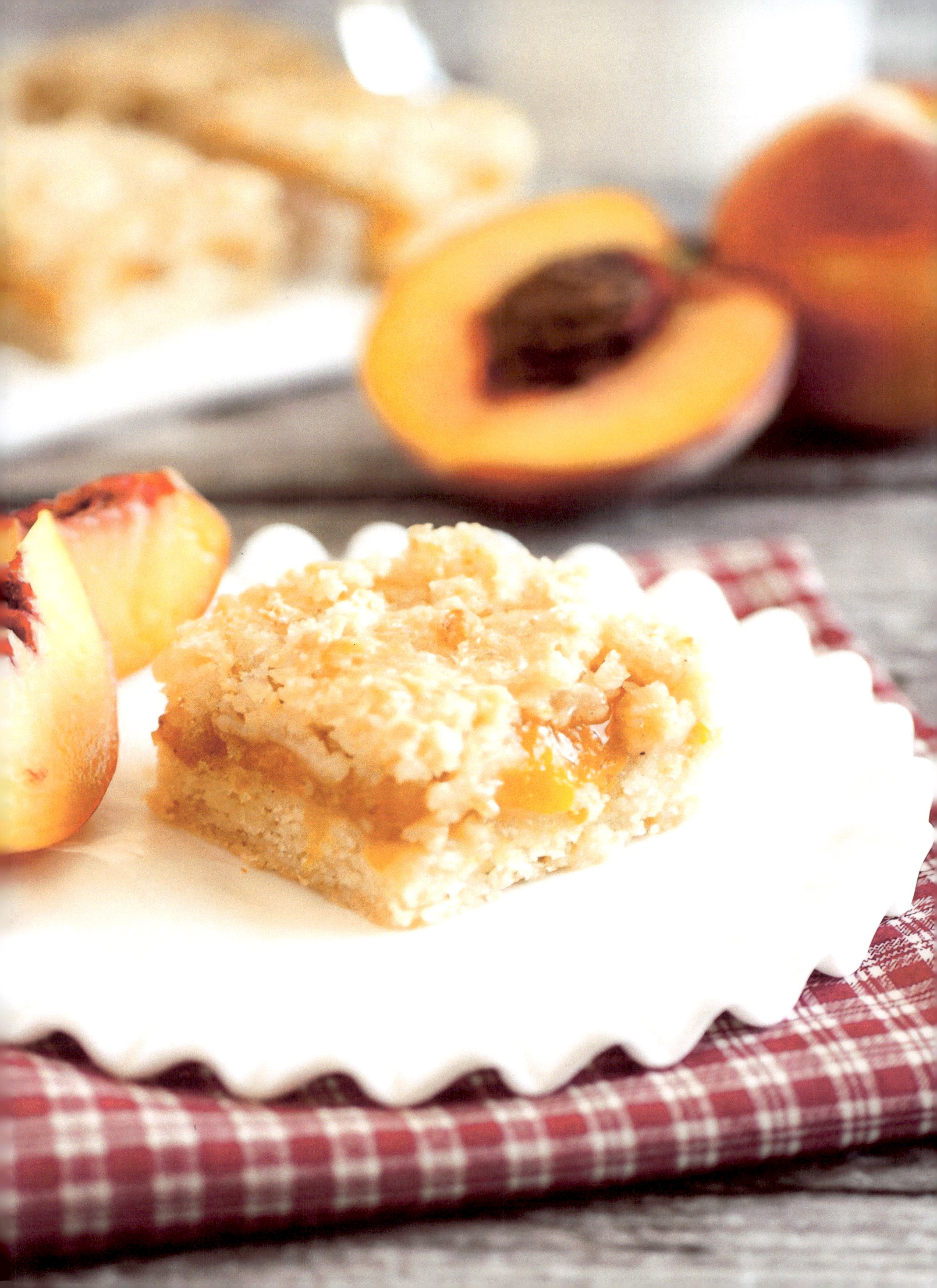

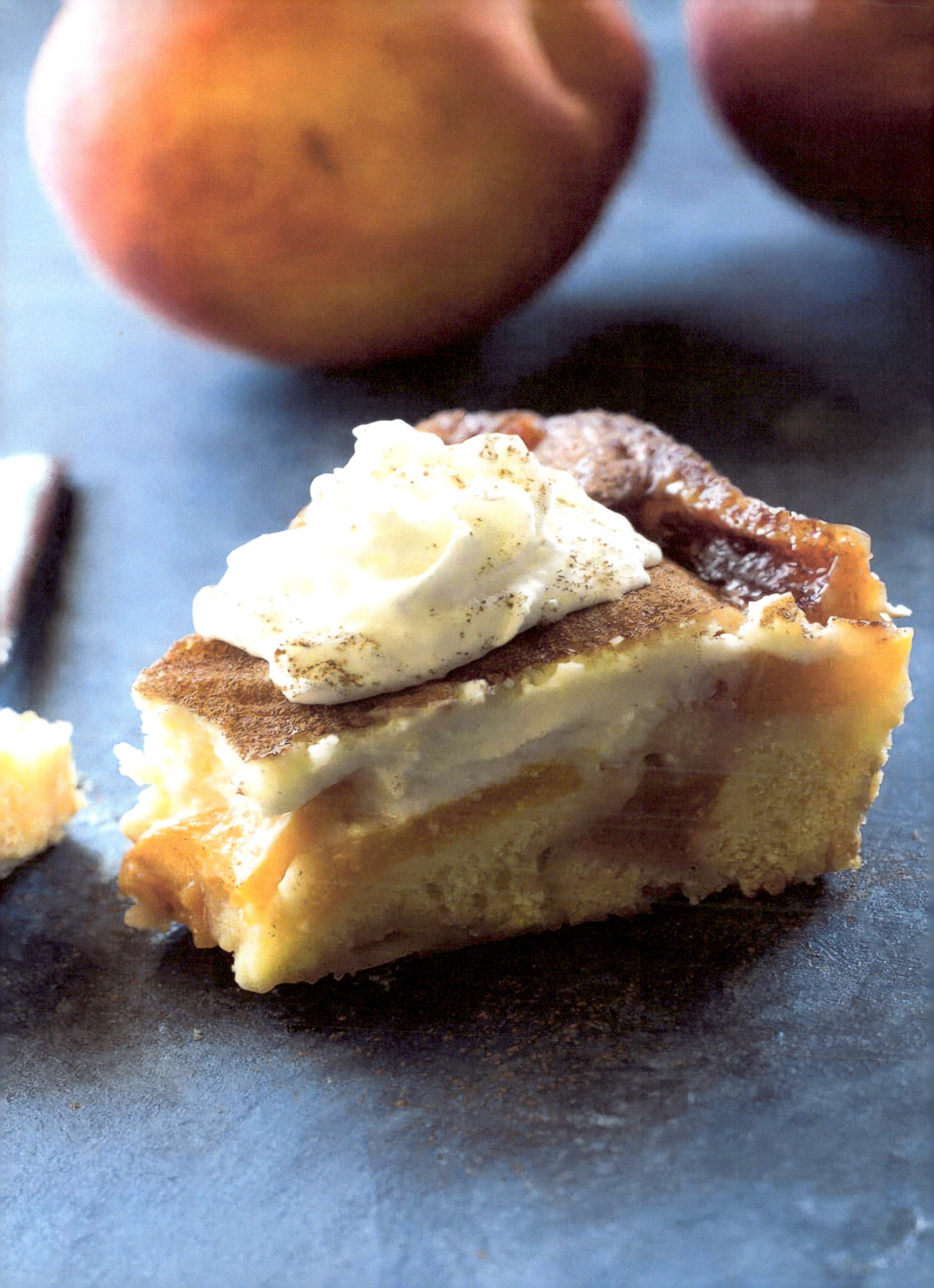

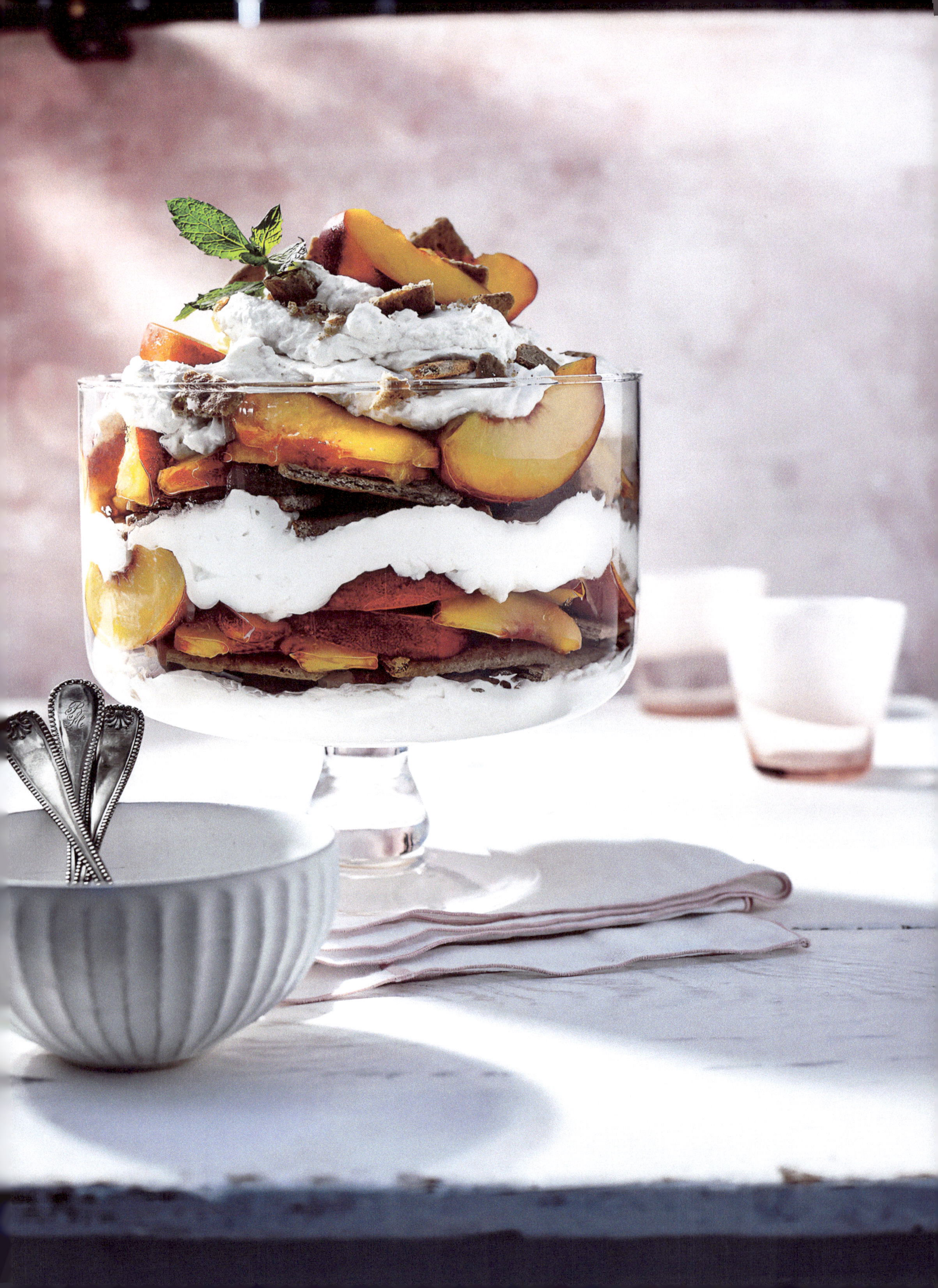

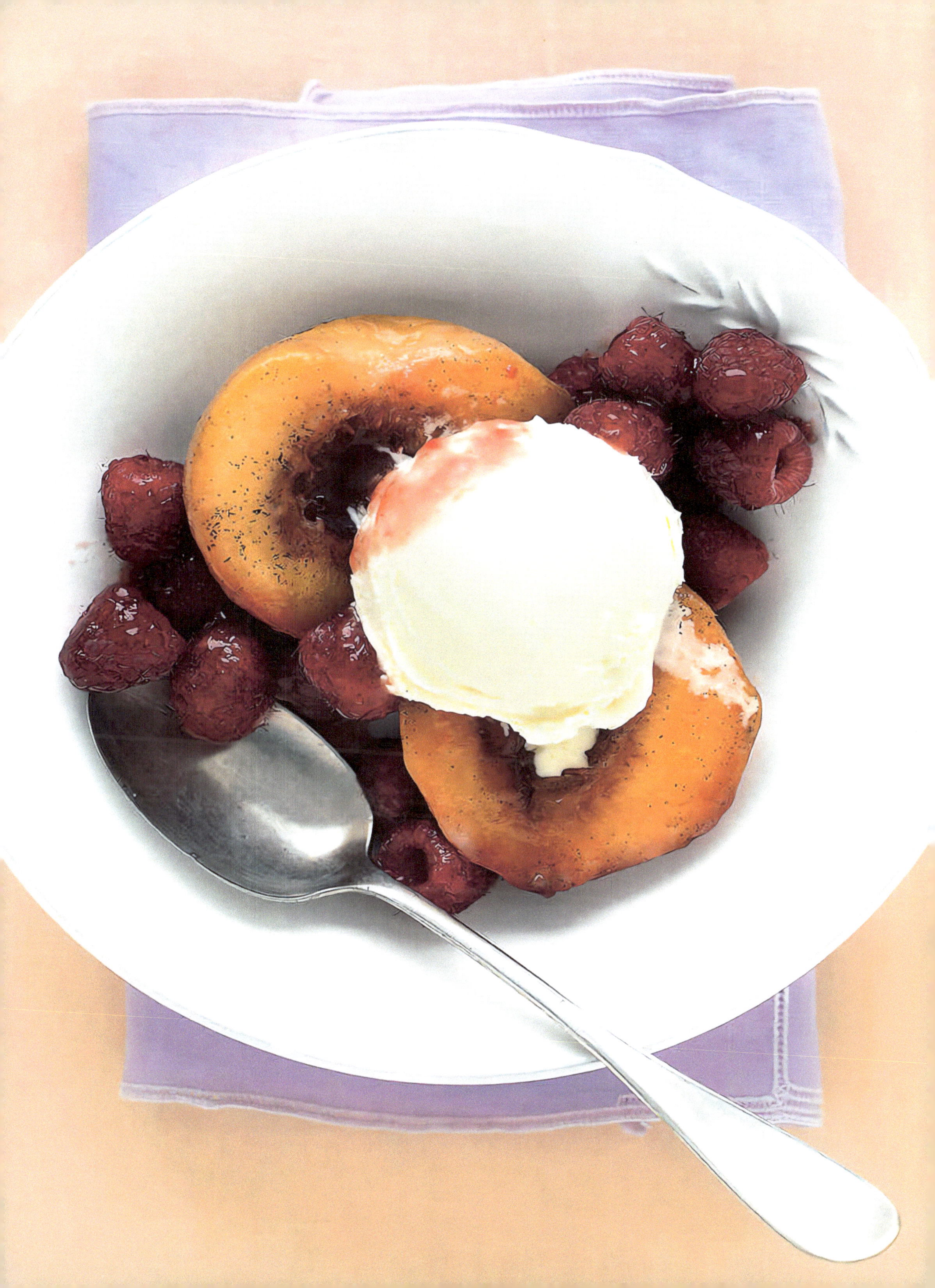

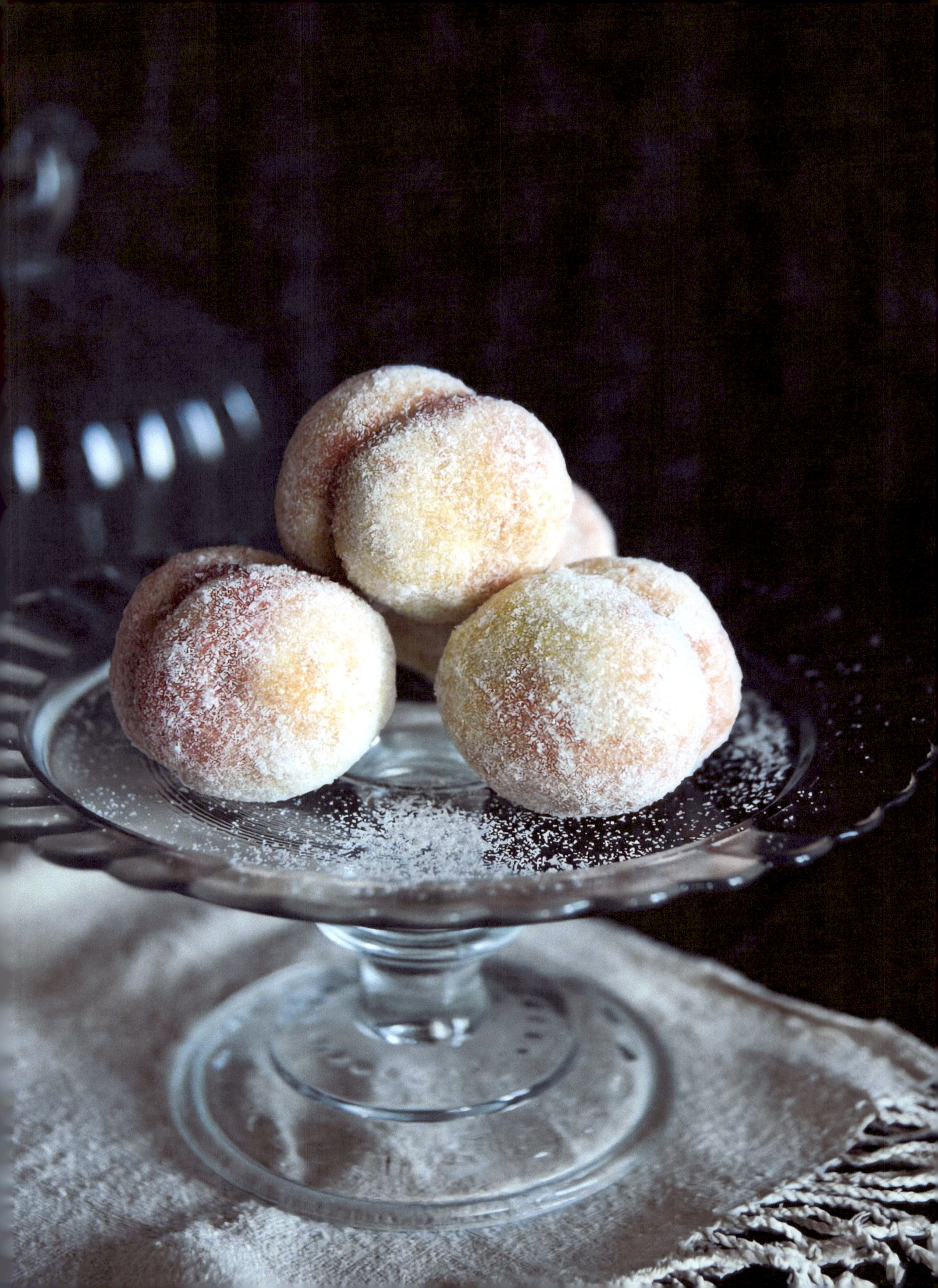

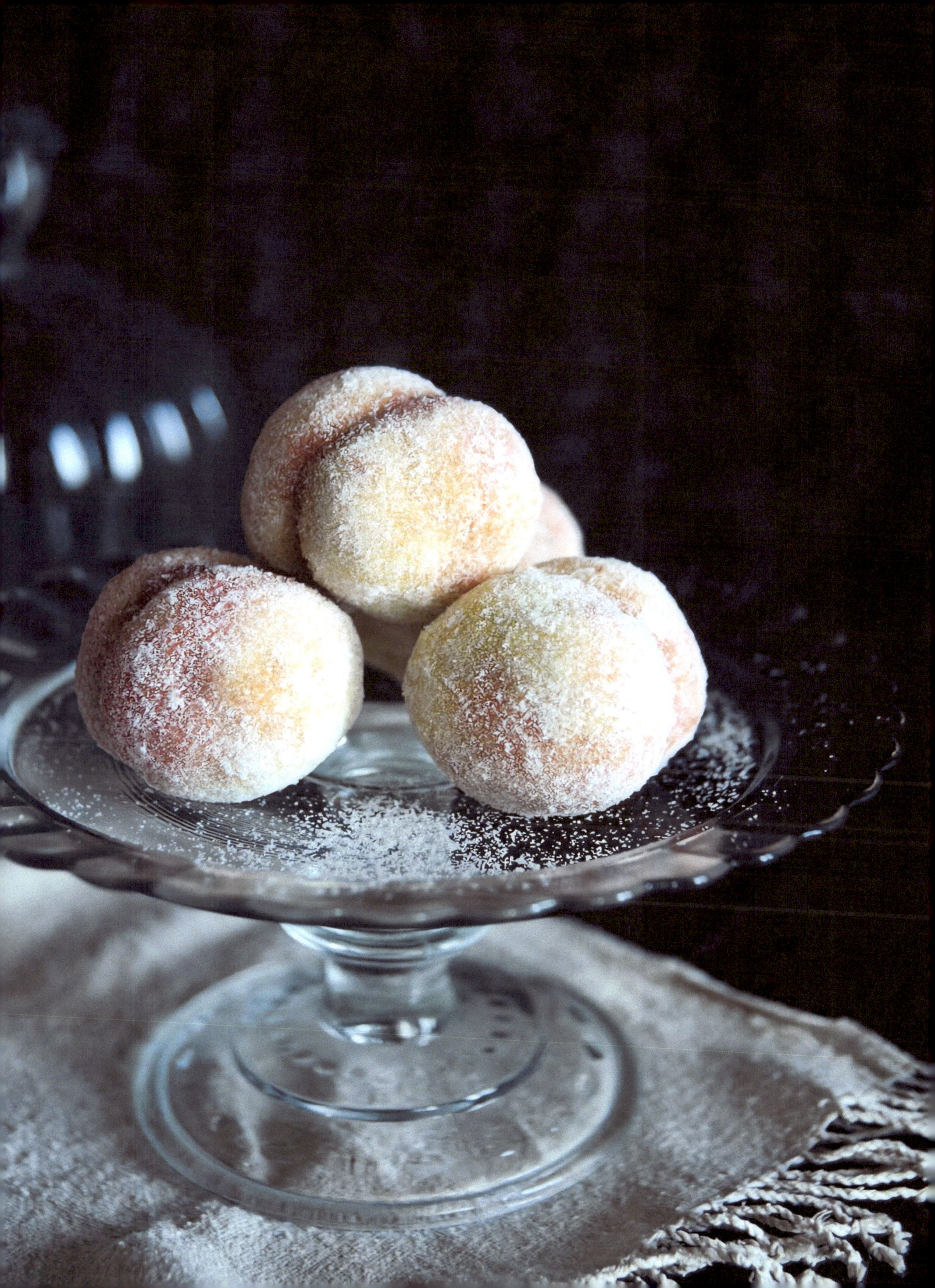

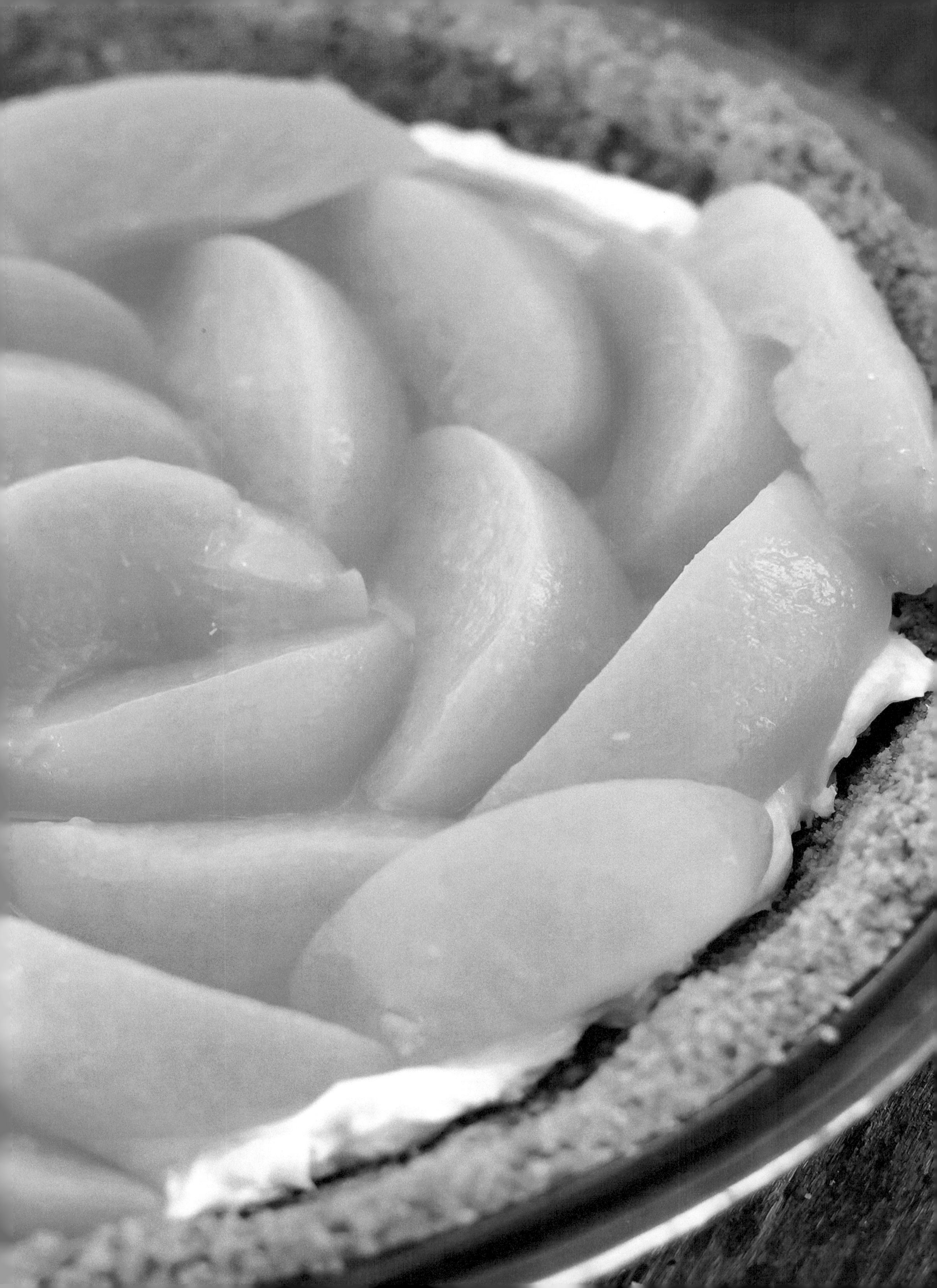

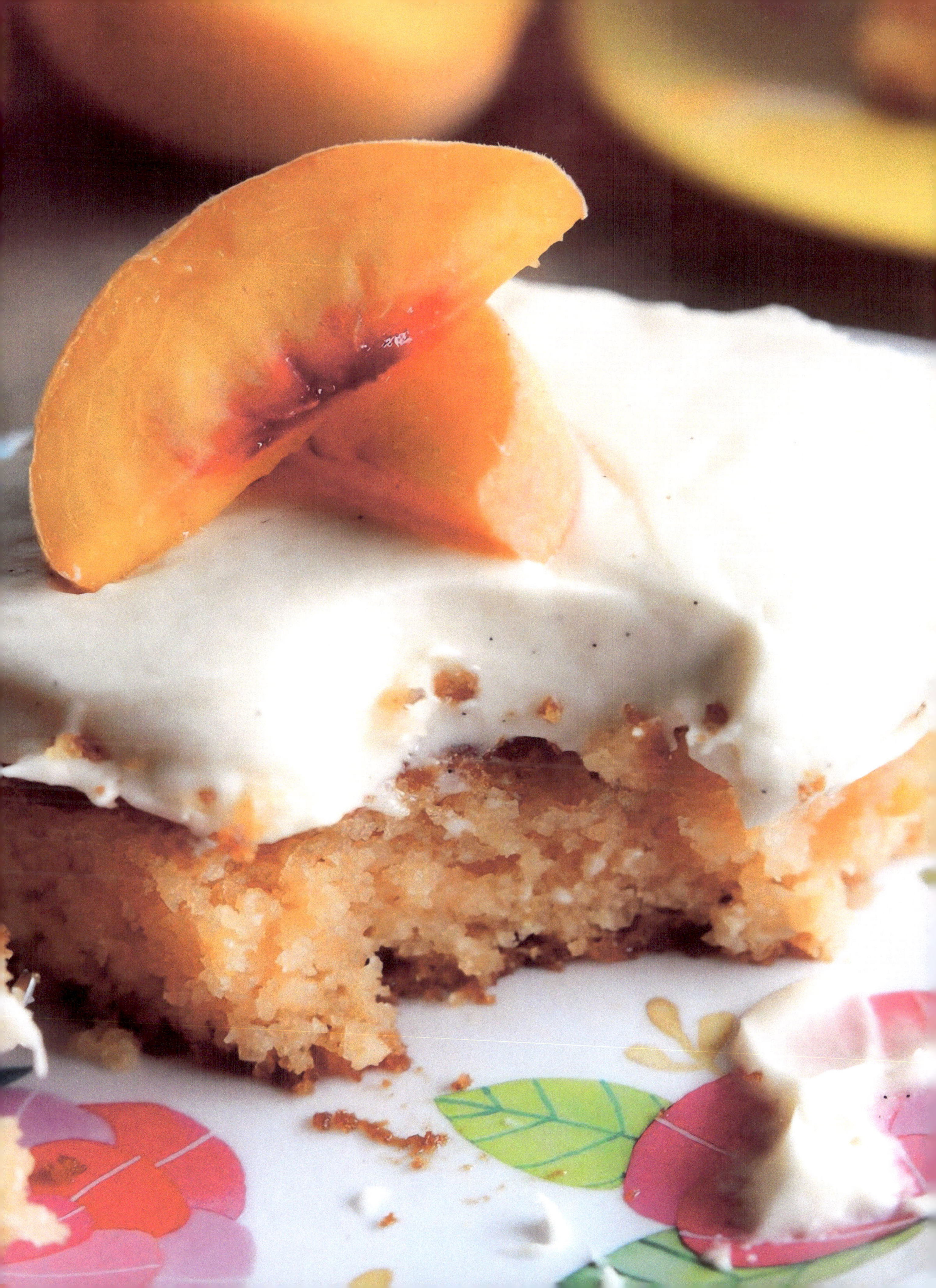

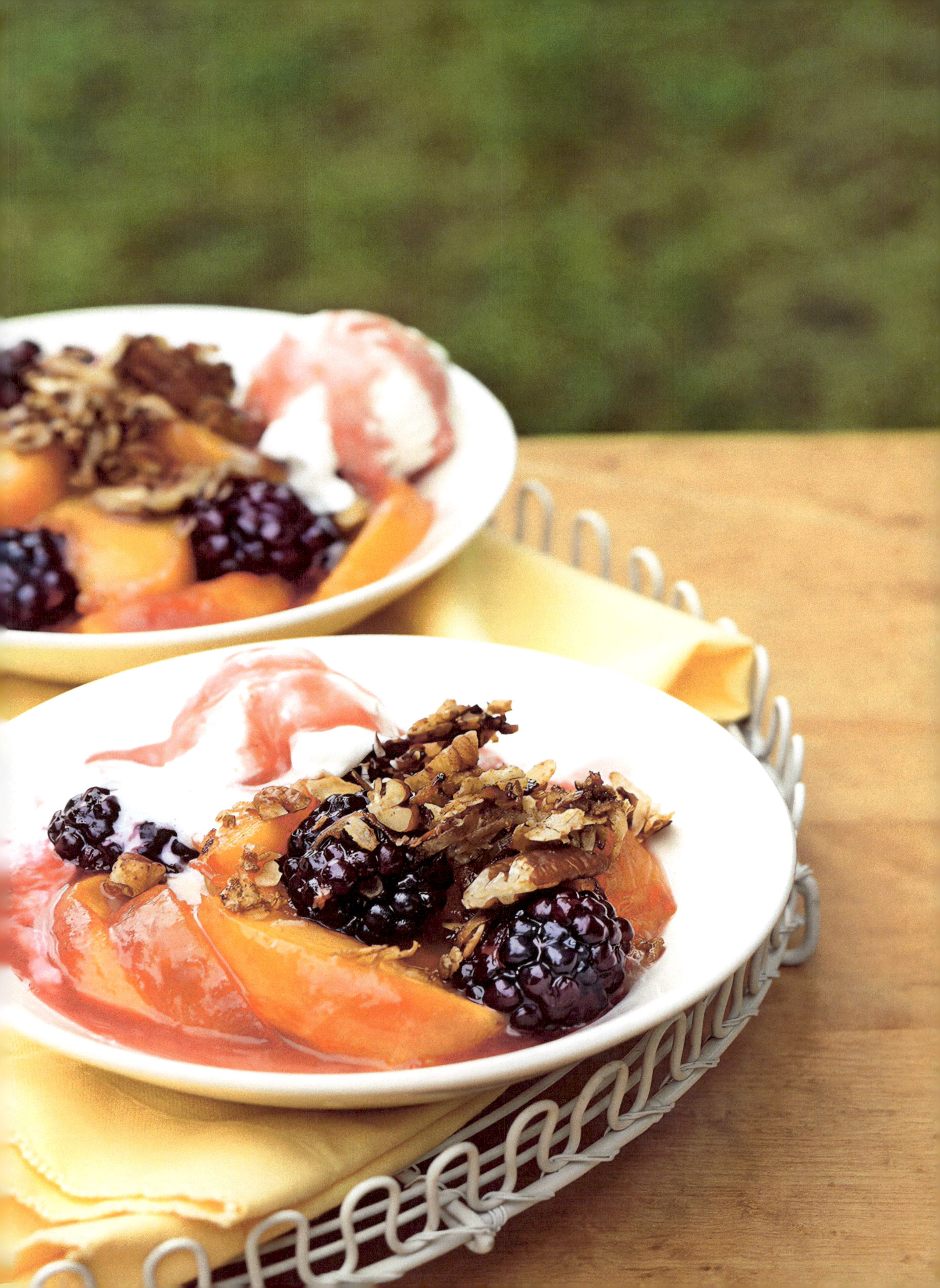

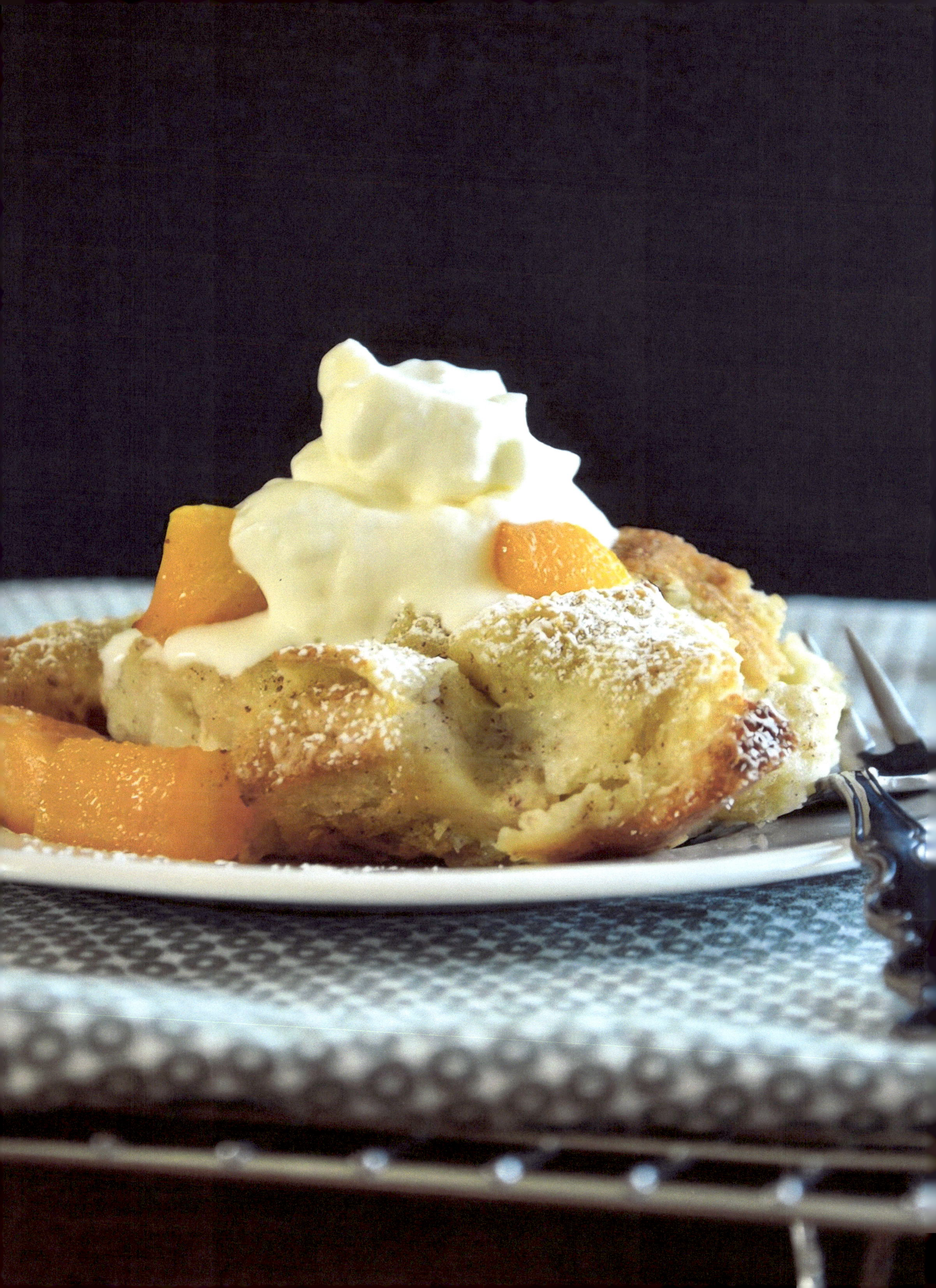

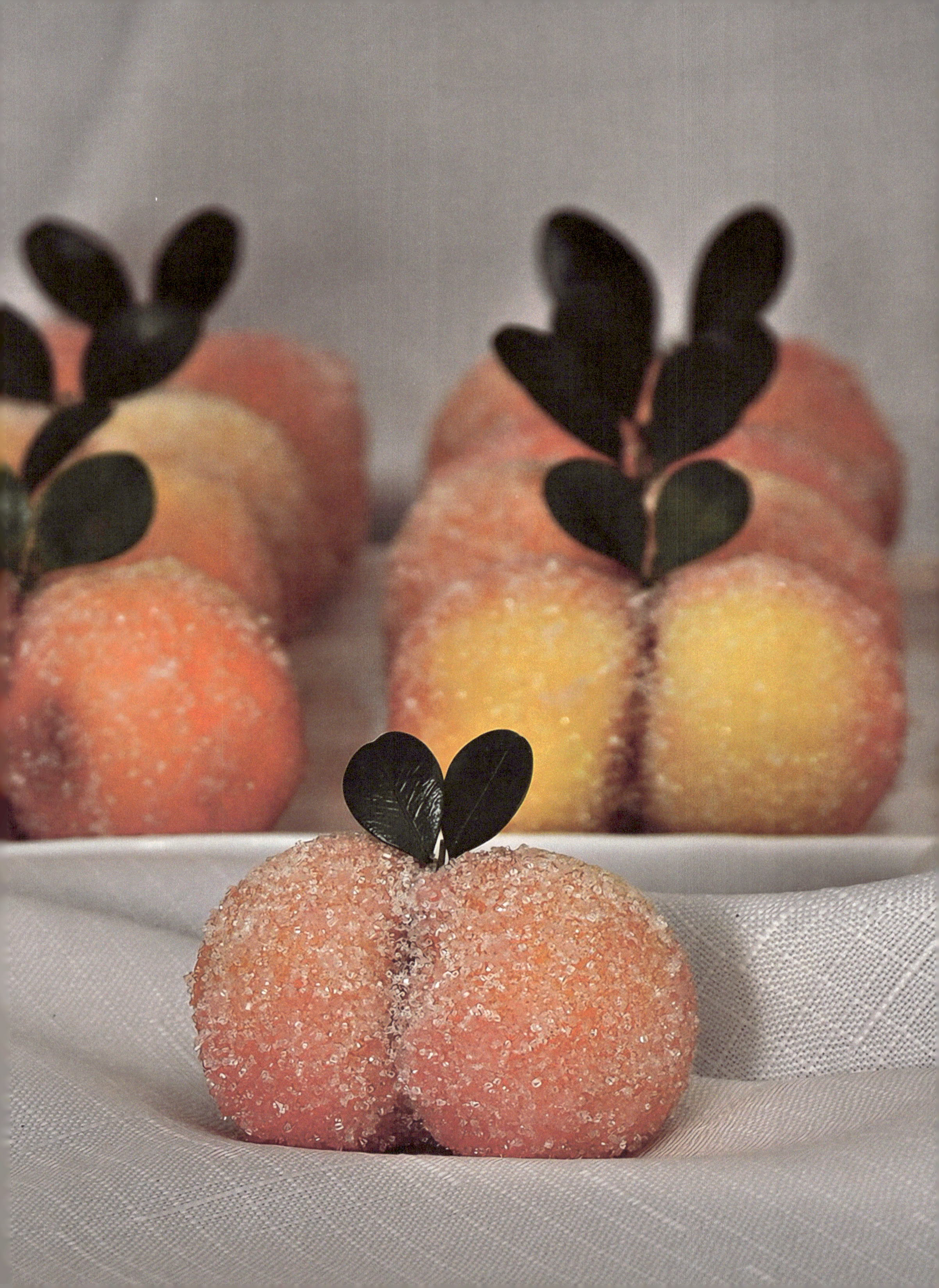

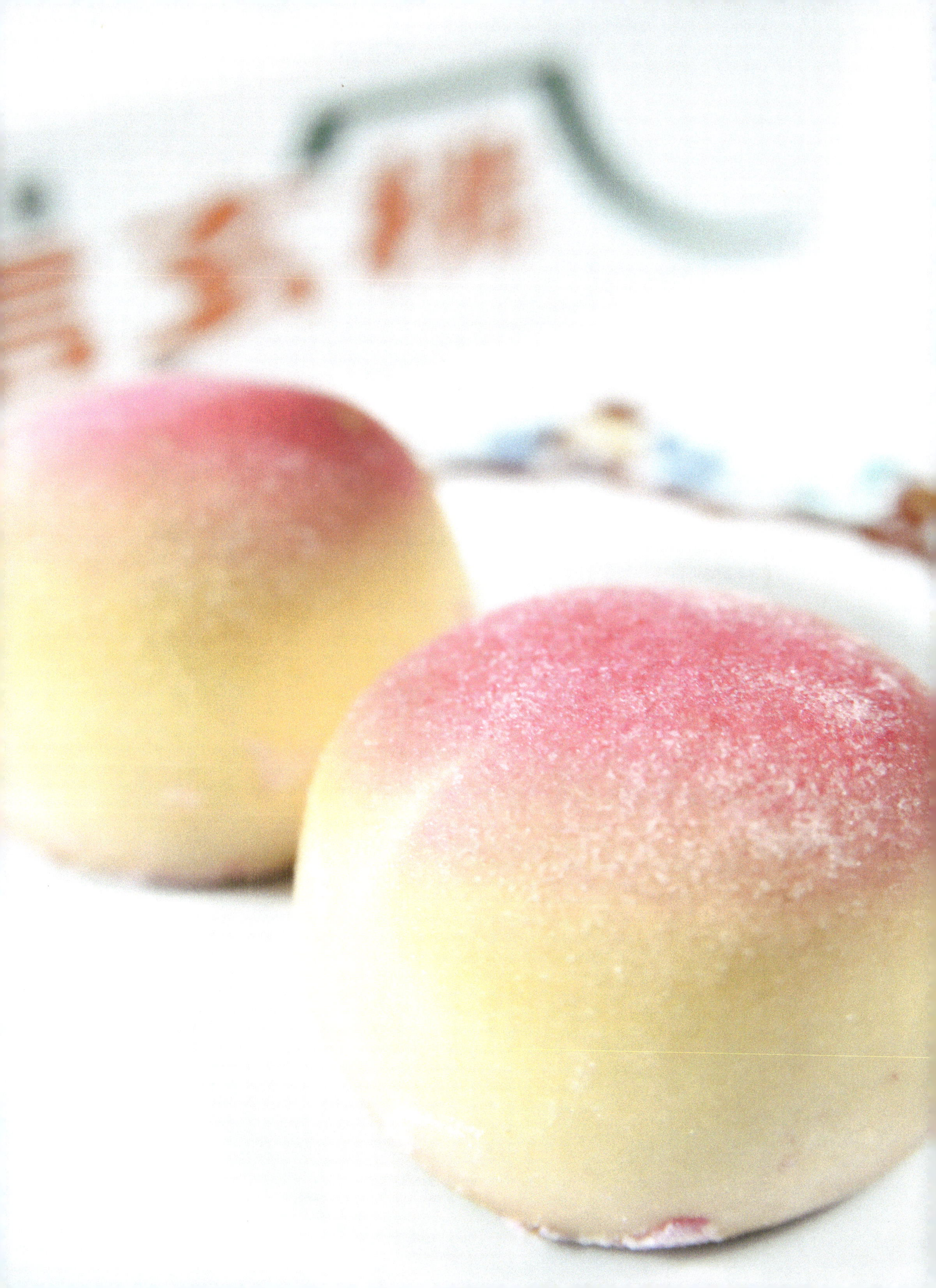

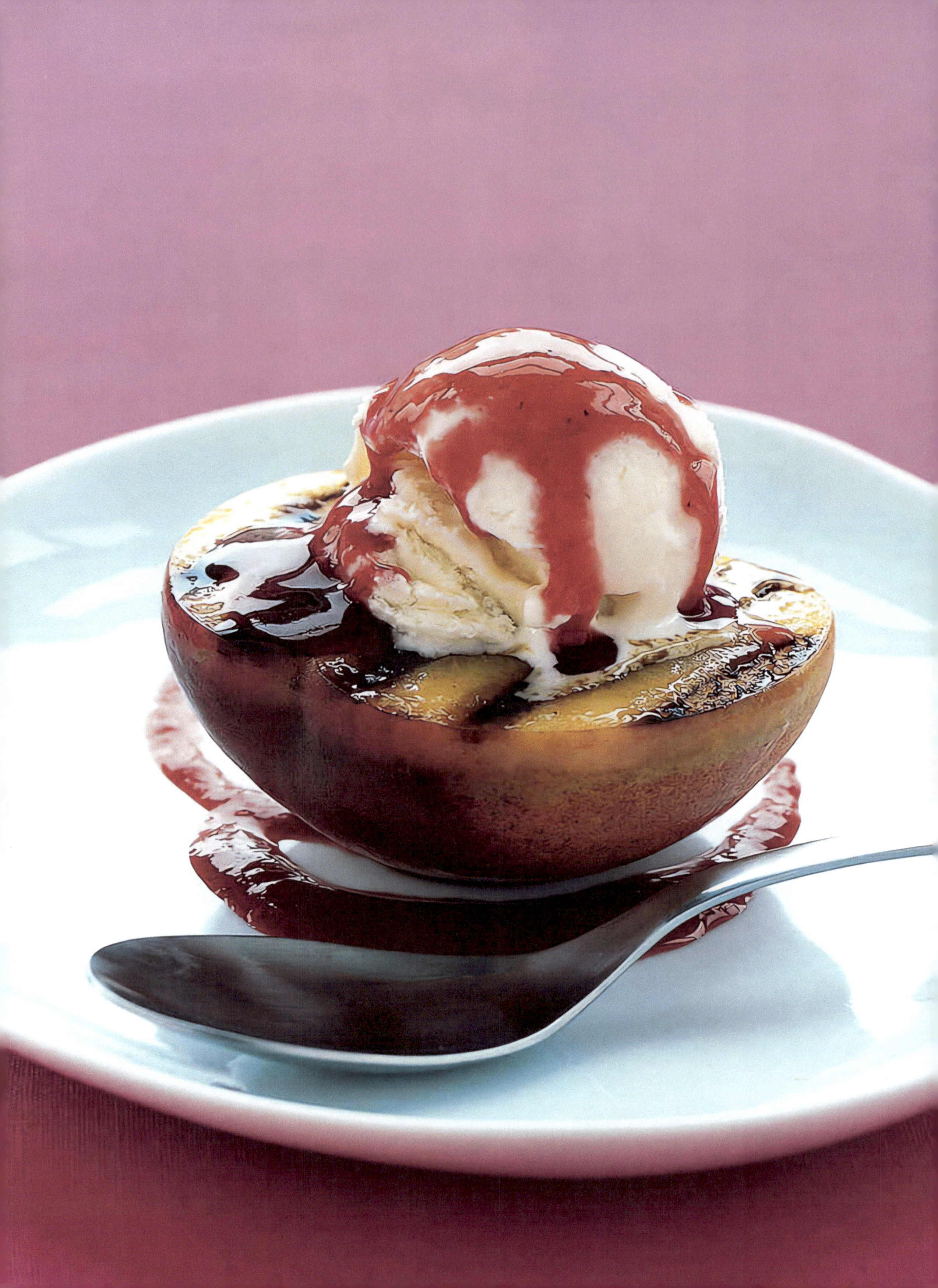

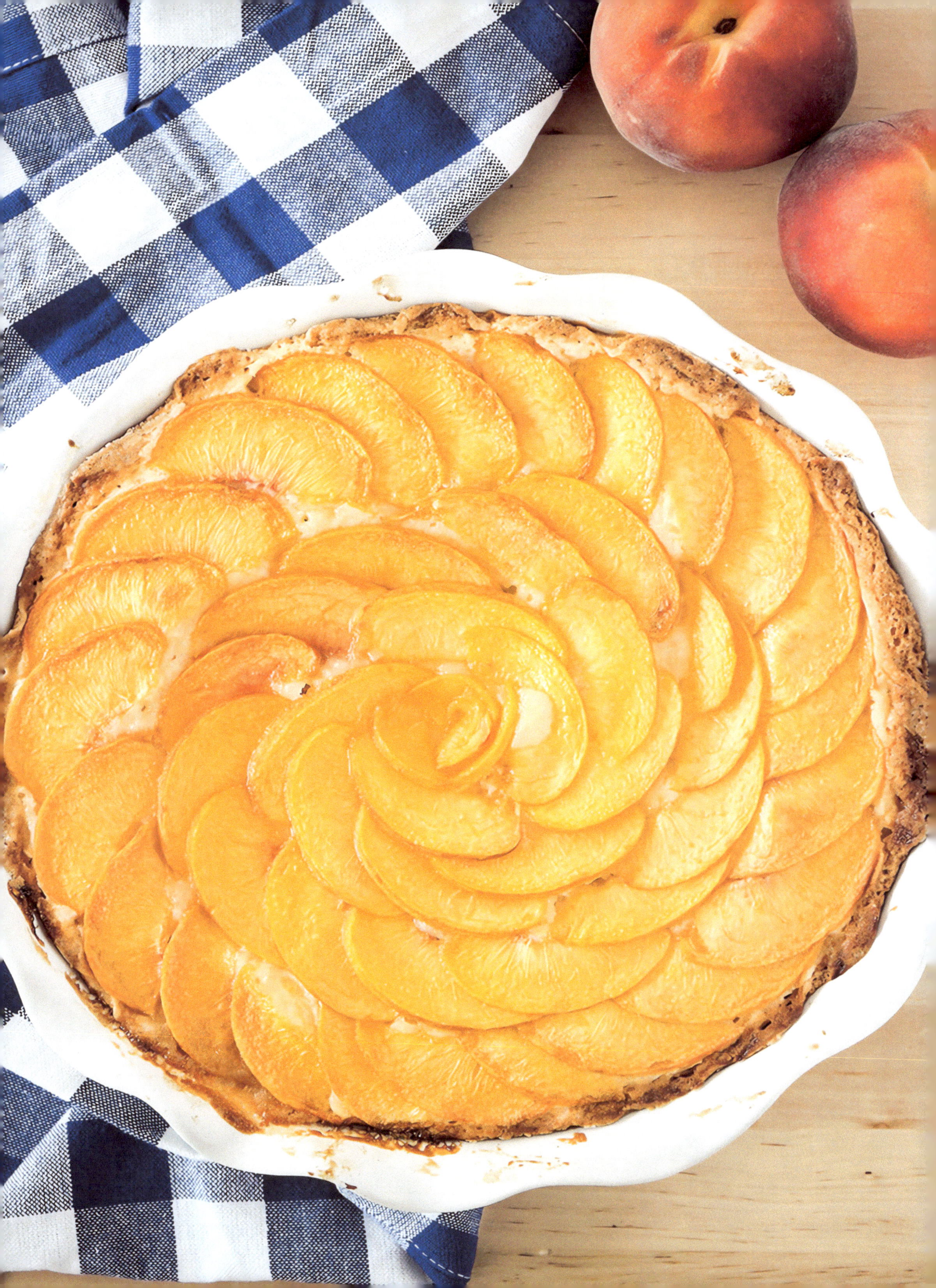

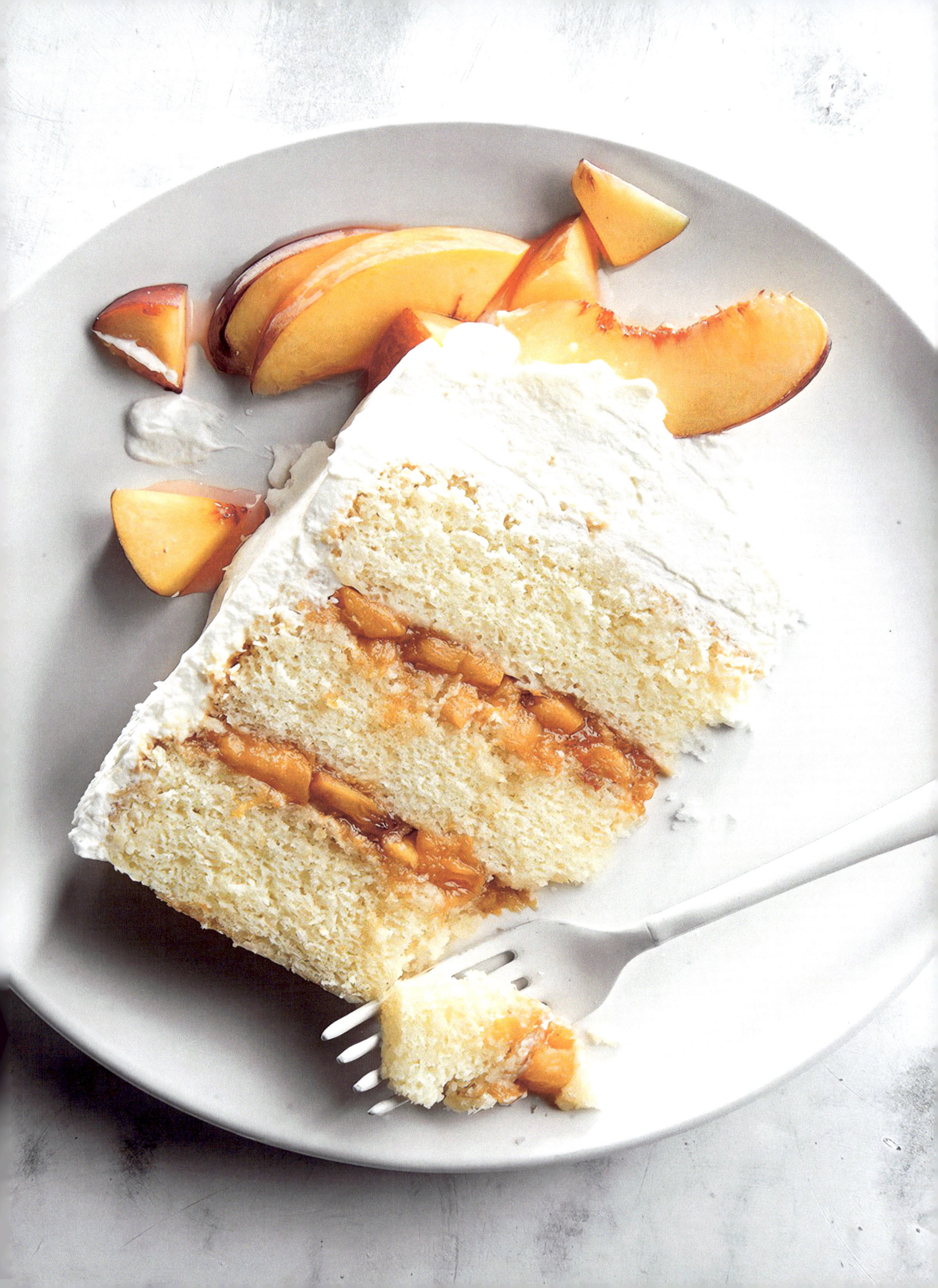

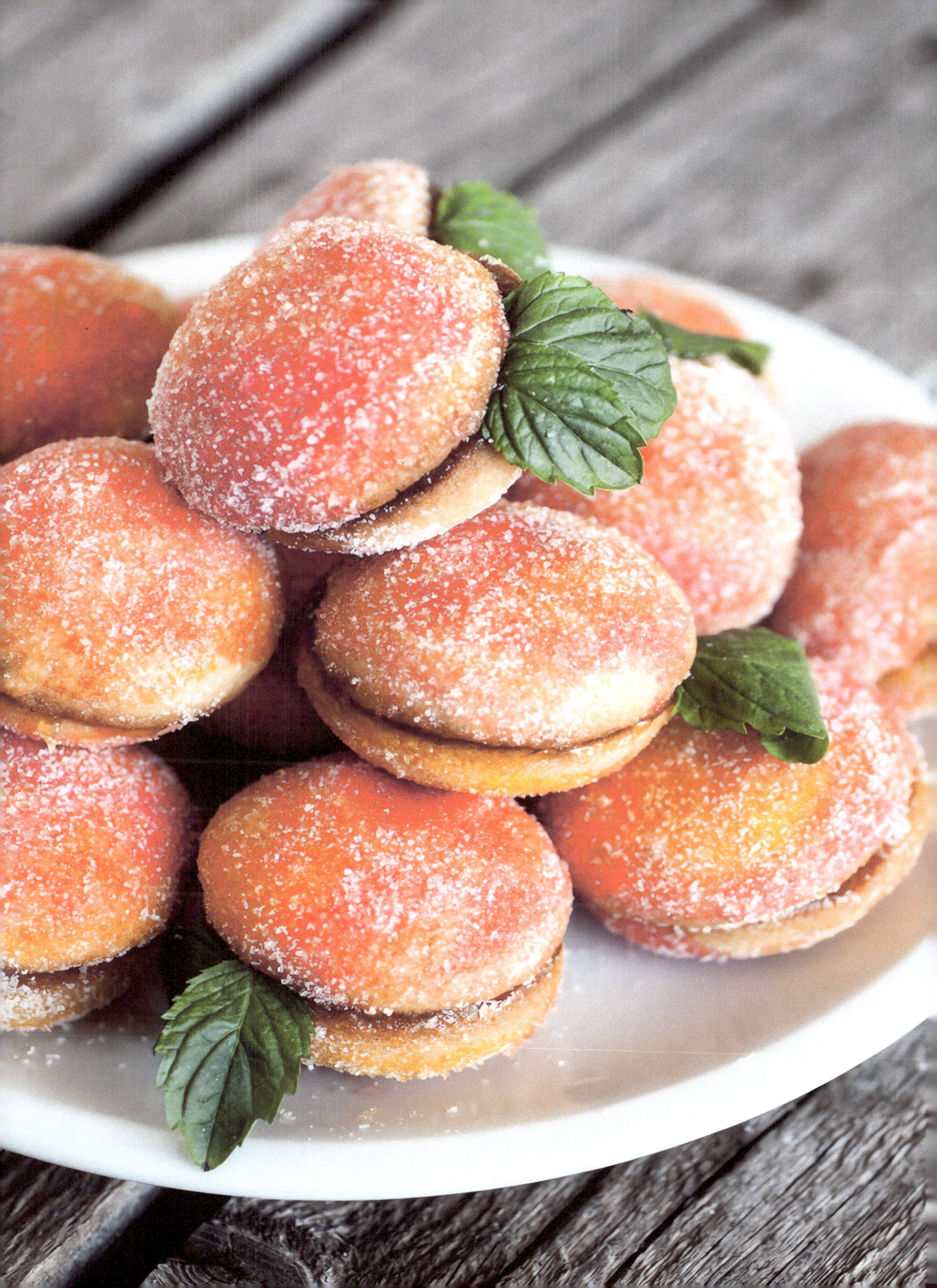

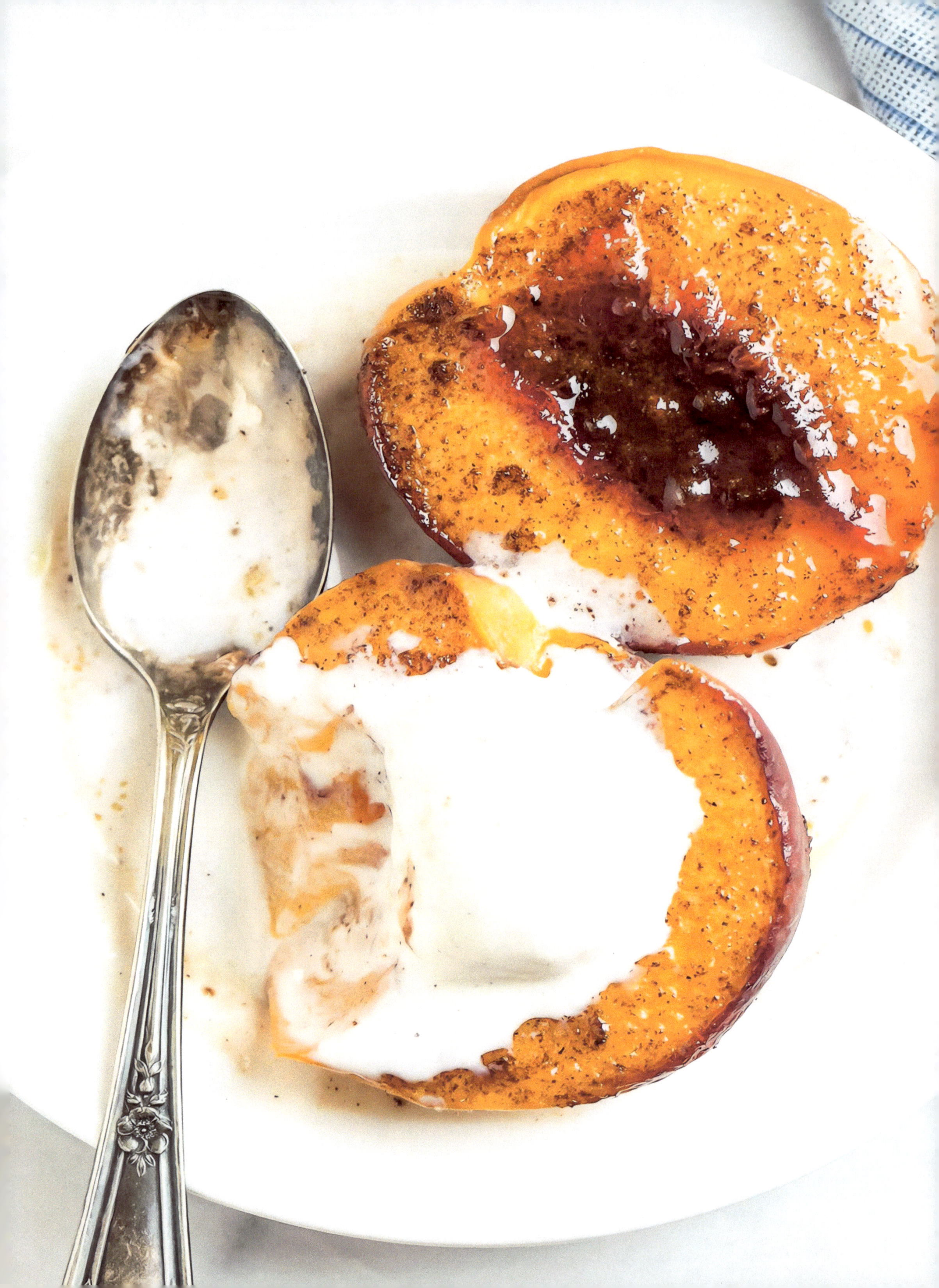

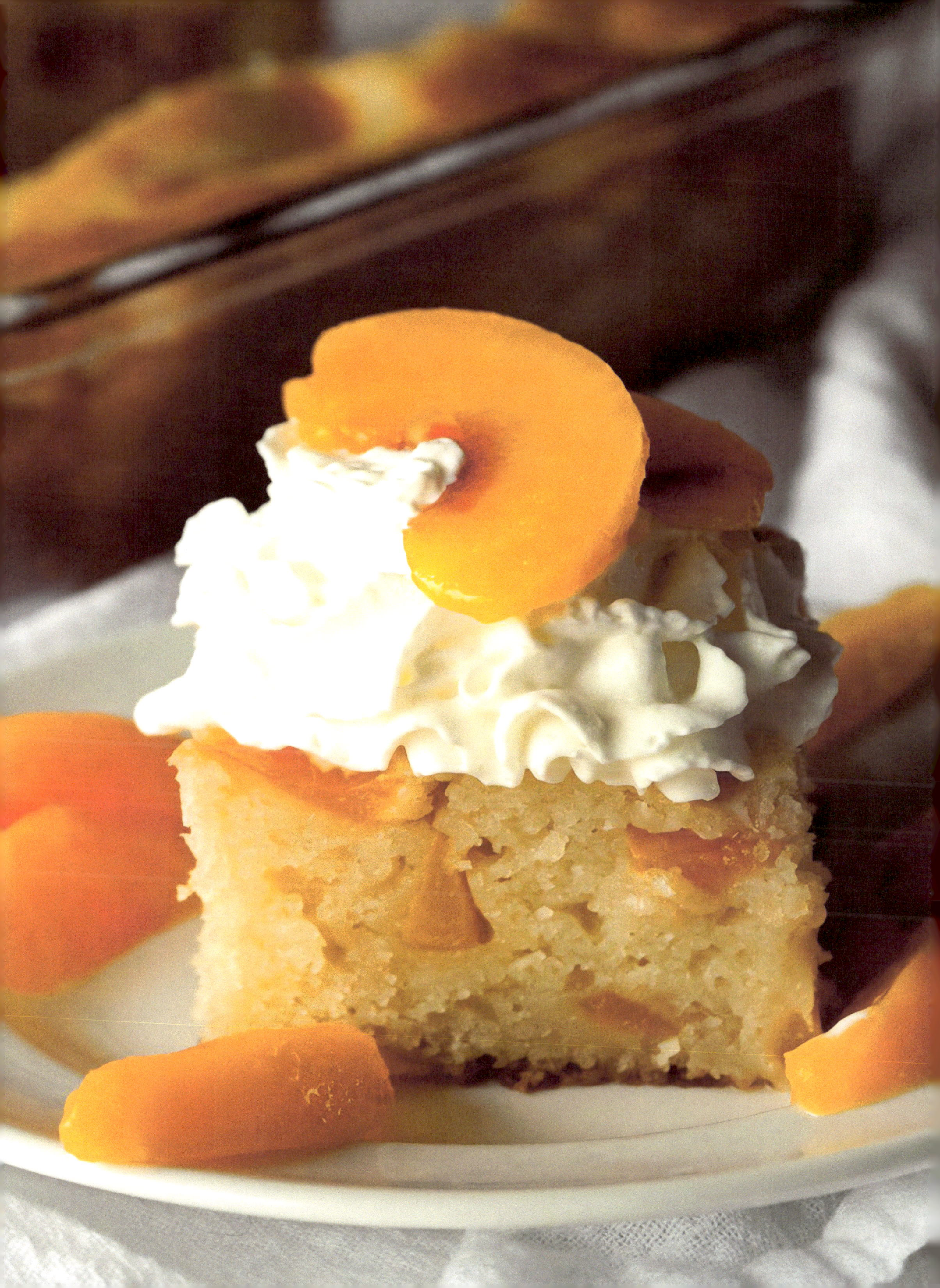

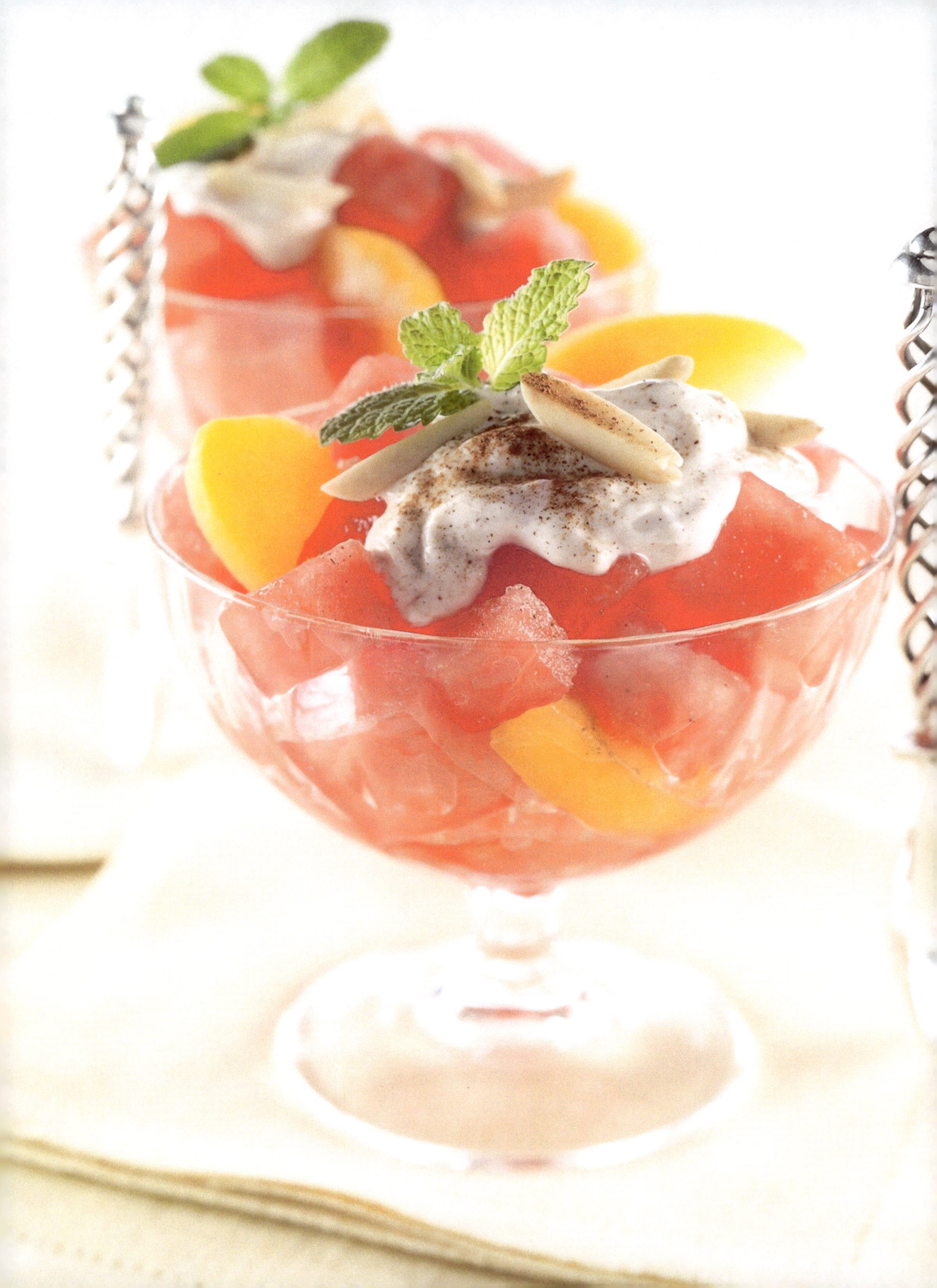

www.ingramcontent.com/pod-product-compliance
Lightning Source LLC
Chambersburg PA
CBHW051827210526
45473CB00005B/1776
* 9 7 9 8 3 0 3 1 2 0 9 4 5 *